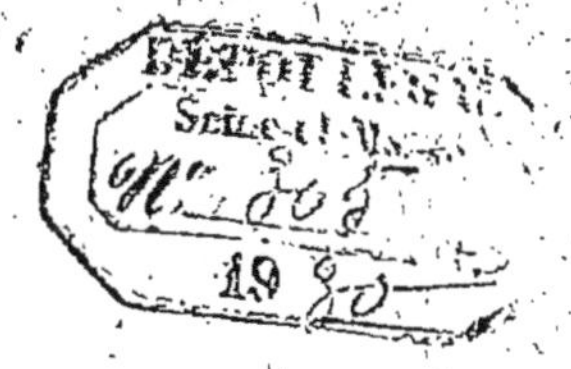

NOMENCLATURE
DES CURÉS ET VICAIRES
DE COULOMMIERS

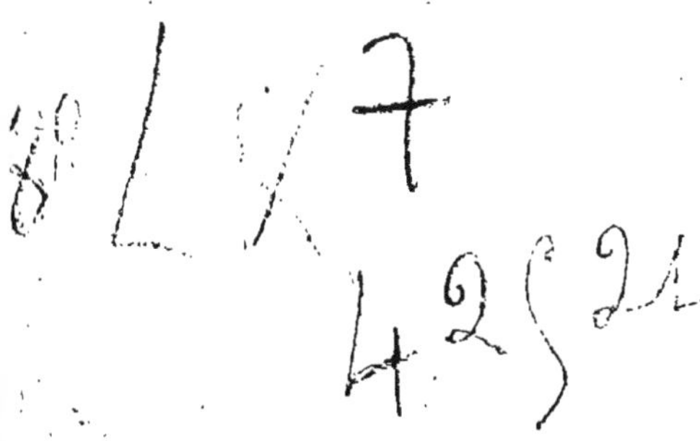

P. J.

ANCIEN VICAIRE DE COULOMMIERS (1890-1894)
CURÉ DE THOMERY (1903-1929)

NOMENCLATURE

DES

CURÉS ET VICAIRES

DE COULOMMIERS

(*DIOCÈSE DE MEAUX*)

DEPUIS LE XIIe JUSQU'AU XXe SIÈCLE

(Notices chronologiques et biographiques)

COULOMMIERS
IMPRIMERIE ERNEST DESSAINT
41, RUE DE MELUN, 41

1930

P. J.

ANCIEN VICAIRE DE COULOMMIERS (1890-1894)
CURÉ DE THOMERY (1903-1929)

NOMENCLATURE

DES

CURÉS ET VICAIRES

DE COULOMMIERS

(*DIOCÈSE DE MEAUX*)

DEPUIS LE XIIe JUSQU'AU XXe SIÈCLE

(Notices chronologiques et biographiques)

Mementote præpositorum vestrorum, qu vobis loculi sunt verbum Dei quorum intuentes exitum conversationis imitamini fidem.

Souvenez-vous de ceux qui ont été préposés à vos âmes, qui vous ont annoncé la parole de Dieu. En contemplant leur vie et leur mort, imitez leur foi.

St-Paul, aux Hébreux, Cap. XIII, V. 7.

COULOMMIERS
IMPRIMERIE ERNEST DESSAINT
41, RUE DE MELUN, 41

1930

Nihil obstat.

Æm. Le Renard, can.

17 janvier 1930.

Imprimatur.

Meaux, 1er février 1930

A. Bléry, v. g.

DÉDICACÉ A SA GRANDEUR

MONSEIGNEUR LOUIS GAILLARD

Evêque de Meaux

Un de vos prêtres, contraint en ce moment, par sa santé éprouvée, de renoncer au ministère paroissial, a occupé ses loisirs à recueillir ces notes biographiques, sur la lignée des pasteurs qui ont administré, pendant huit siècles non interrompus, une des meilleures paroisses de votre Diocèse, la Paroisse Saint-Denis et Sainte-Foi de Coulommiers.

C'est à Coulommiers qu'il a donné, il y a quarante ans, les prémices de son ministère sacerdotal, sous la direction de deux archiprêtres, MM. Jarry et Daniel, dont le souvenir est encore très vivant et très doux dans les âmes. Il a pensé qu'en évoquant et en fixant la mémoire de ces excellents pasteurs, de tous ceux qui les ont précédés, et de ceux qui les ont suivis et imités, de ceux mêmes qui, dans nos temps modernes, ont collaboré, en qualité de vicaires, à leur noble tâche, il a pensé, dis-je, que ce mémorial viendrait raviver dans les âmes des fidèles, la foi et la piété dont ces admirables prêtres leur ont donné, dans la suite des temps, d'impérissables exemples.

Daignez, Monseigneur, bénir ce modeste travail, et demander, qu'à l'exemple du divin Maître, il fasse du bien là où il passera « transiit benefaciendo ».

P. J.

Ancien vicaire de Coulommiers.

AUX PAROISSIENS DE COULOMMIERS,

PRÉFACE

Le visiteur qui pénètre dans la nouvelle église de Coulommiers est arrêté, sur le seuil, par un beau diptyque en marbre blanc, sur lequel sont gravés en lettres d'or, les noms des curés qui, depuis le XIIe siècle jusqu'au XXe, ont administré cette antique paroisse. Cette nomenclature est imposante. C'est une gloire, assez rare pour une paroisse, de pouvoir compter ainsi un à un, depuis une si longue série de siècles, chacun de ses curés. Et nous savons un gré infini au zélé pasteur qui a eu cette heureuse idée et qui a pris cette initiative.

Mais, il nous est venu la pensée de donner à ce souvenir plus d'ampleur, pour ainsi dire. Nous possédons un précieux manuscrit, œuvre d'un érudit columérien, M. Clozier (1), qui s'est imposé, par de patientes recherches, la pieuse tâche d'accompagner chacun de ces noms, d'une courte notice biographique. Notre tâche, à nous, a donc consisté à relever ces notices, à les publier. Nous avons cru que cette publication pourrait intéresser et édifier les parois-

(1) Au début du siècle dernier, une fille de M. le Dr Clozier, médecin chirurgien, a épousé le Dr Dufour, qui est devenu le chef de l'honorable famille Dufour, si avantageusement connue et si estimée à Coulommiers. C'est de cette excellente famille que nous tenons le manuscrit du Dr Clozier.

siens de Coulommiers, et avec eux quelques autres, même un bon nombre de nos confrères. C'est à eux que nous dédions ce modeste labeur, fruit des loisirs d'une retraite que nous impose une longue maladie.

Daignent Notre-Dame, Saint Denys et Sainte Foi, les glorieux patrons de Coulommiers, en favoriser la diffusion pour la plus grande gloire de Dieu et l'édification des âmes!

P. J.

« A une date que nous désirons lointaine, s'ajoutera à ce Tableau « d'honneur, le nom de M. SAMSON curé actuel de la Paroisse Saint « Denys-Sainte Foy de Coulommiers, que ses talents et son zèle ont « désigné au choix de Monseigneur l'Évêque et qui continue les aposto-« liques traditions de ses prédécesseurs. »

CURÉS ARCHIPRÊTRES DE COULOMMIERS DANS L'ANCIENNE ÉGLISE ST-DENIS

Messire PAYEN, 1136- ?.
Messire ETIENNE, 1208-1220.
Messire BERNARD, 1220-1226.
Messire MATHIEU, 1226-1237.
Messire ROBERT, 1237-1301.
Messire REGNAULT, 1301-1320.
Roger EUSQUE,
Bertrand de TOURNEMIRE, 1347-1350.
Pierre de REBAIS, 1350-1356.
Jean BLANCHANDIN, 1356-1408.
Adam BARATTE, 1409-1432.
Mathieu GILLET, 1432-1481.
Jean SIMON, 1481-1484.
Denis POSSOT, 1484-1507.
Martin DEJOUY, 1509-1545.
Jean MAUPIN, 1550-1553.
Antoine GUILLOT, 1553-1553.
Pierre RIPPAULT, 1553-1563.
Jean de BOURGOING, 1564-1564.
Denis MAUPIN, 1564-1604.
Jean DUCAMP, 1604-1609.
Denis JOBARD, 1609-1621.
Antoine GAMBIER, 1621-1623.
Jacques BERNARD, 1623-1643.
Pierre AUBERT, 1643-1646.
Laurent de L'AMOUR, 1646-1676.
Joseph CHUQUELIN, 1676-1720.
Jean MILLOT, 1720-1740.
Guillaume PARENT, 1740-1761.
Guillaume Ribouey DESNOYERS, 1762-1782.
Jean-Pierre LEBAS, 1782-1793.
Pierre-Bertrand VIET, 1803-1813.
Claude-Terrard DE L'ISLE, 1813-1821.
François CHARPENTIER, 1821-1831.
Christophe CORDIER, 1831-1857.
Alexandre MARCHAND, 1857-1879.
Auguste JARRY, 1879-1892.
Paul DANIEL, 1892-1894.
Alexandre MARIANVAL, 1894-1907.
Jean-Baptiste HÉBERT, 1908-1911.

CURÉS ARCHIPRÊTRES DE COULOMMIERS DANS LA NOUVELLE ÉGLISE ST-DENIS STE-FOY

Jean-Baptiste HÉBERT, 1911-1928.

NOMENCLATURE
DES CURÉS ET VICAIRES
DE COULOMMIERS

NOTE PRÉLIMINAIRE

La Cure de Coulommiers était à la collation du Prieur de Ste-Foi de la dite ville, lequel tient ce droit de collation des Comtes de Champagne qui y présentaient de toute ancienneté et qui le lui ont accordé par le titre de fondation du dit prieuré.

Ce prieur s'en dit non seulement Patron, mais encore curé primitif, et est en droit comme tel d'officier dans l'église de la paroisse quelques jours de l'année, comme la Fête-Dieu, où il porte le Saint Sacrement à la Procession, et le jour de Saint-Denis d'Octobre, fête patronale de la dite église.

Cette cure dont le principal revenu consiste dans le casuel vaut de 1.500 à 2.000 livres.

Les dixmes de la paroisse de Coulommiers appartiennent partie au Prieur de Ste-Foi, et partie à l'abbesse de Faremoutiers.

Le gros du curé est fort modique, et le reste de ses revenus consistent en rentes, terres, prés, vignes et distributions manuelles pour l'acquit des fondations, offrandes et autres droits curiaux.

Le plus beau des droits du curé est celui de nommer quatre chapelains dans son église, connus sous le nom de *Chapellains de l'Invention de Saint-Denis*.

Quelques personnes assuraient qu'il fallait que ces chapelains fussent de la ville de Coulommiers, nés et baptisés sur les fonts de la paroisse. Mais on trouve plusieurs exemples du contraire dans les papiers de la cure des chapelains.

Le Curé de Coulommiers tient, dit-on, ce droit de nomination des chapelains, de *Jean Blanchandin*, curé de la dite ville, lequel eut grande part à leur fondation leur ayant laissé, outre plusieurs héritages, une rente de 10 livres à prendre sur tous ses autres biens, ce qui faisait alors une somme assez considérable.

Aujourd'hui, le revenu de ces chapelles est fort baissé; ce ne sont plus, la plupart du temps, que de jeunes écoliers qui les remplissent, à qui cela sert de titre patrimonial et qui sont presque toujours absents.

Il paraît par des lettres de confirmation de l'Évêque de Meaux en date du 17 mars 1397 (1398) qu'ils furent institués au nombre de six. Mais ce nombre fut presqu'aussitôt réduit à quatre. Ils firent anciennement quelques tentatives pour se faire ériger en chanoines, et avoir le droit de porter l'aumusse. Ils avaient commencé à la prendre; et effectivement, il en est fait mention dans leurs lettres d'institution. Mais l'Évêque la leur fit quitter. Tout ce qui leur reste, est de partager avec le curé, leur patron quelques honneurs du chœur, et d'autres en semaine avec lui pour l'office, à la réserve toutefois des dimanches et fêtes, où le curé et ses deux vicaires en son absence, sont seuls en possession de célébrer la messe.

Ces deux vicaires sont presque aussi anciens que le curé, dont le premier portait autrefois le titre de son chapelain, et le second de son clerc. Ils ont aujourd'hui, outre le logement et les droits de l'étole blanche, que leur a abandonnés le curé, quelques sommes fixes qui leur sont payées par la marguillerie au nom des habitants.

A l'égard du logement, tant du curé et de ses vicaires, que des chapelains, voici ce que l'on en sait :

L'ancien presbytère qui a subsisté plusieurs siècles était au coin de la place, proche et vis-à-vis la grande porte de l'église, et au même lieu où est aujourd'hui la maison de M. Thomé. Il consistait en un corps de logis sur la rue avec une cour derrière, dans laquelle étaient anciennement un colombier, une grange, une écurie, des cuisines, etc., et dans cette étendue de terrain, étaient renfermées presque toutes les maisons et cours que l'on voit dans ce recoin en sortant de l'église par la grande porte à main droite, appartenant aujourd'hui à différents particuliers.

Le curé et les vicaires étaient logés ensemble sur le devant, et comme les curés dans ces temps de relâchement, ne résidaient que fort rarement, cette maison presbytériale n'était guère occupée que par les vicaires qui les remplaçaient.

Ces bâtiments étant devenus dans la suite en mauvais état et fort caducs, les habitants se lassèrent des grandes et fréquentes dépenses, ou des réparations qu'ils étaient obligés d'y faire, les engageant presque tous les ans. Ils en négligèrent l'entretien et les laissèrent tomber en ruines, de sorte que l'on prit le parti, sur la fin du XVIe siècle, d'en vendre l'emplacement et les matériaux au plus offrant et dernier enchérisseur, le tout au profit des habitants de la dite ville.

Louis et Hylaire de Jouy, marchands, frères, firent acquisition d'une bonne partie de cet emplacement et Pierre Saïnvon procureur et quelques autres particuliers acquirent aussi des places et terrains sur le derrière, et y firent construire des maisons.

Tant que la paroisse se trouva sans presbytère, les habitants furent obligés de payer au curé une certaine somme pour son logement, et ils acquirent dans la suite la maison qui sert aujourd'hui de presbytère, laquelle avait appartenu longtemps à la famille des Lebourgoing. Quant au jardin qui y est joint, c'est une acquisition du curé Mathieu Gillet qui en avait fait don tant au curé qu'à la Fabrique.

Pour ce qui est des deux vicaires, ils ont leur logement dans une maison à côté de l'église qui appartient à la Charité de la paroisse, à qui les habitants de la ville tiennent compte du loyer.

Les chapelains avaient aussi anciennement leur maison commune qui leur appartenait et dont ils étaient tenus des réparations. Elle était située de l'autre côté de l'église, attenant à la nouvelle boucherie, et consistait en deux corps de logis, l'un sur la rue et l'autre derrière donnant sur la rivière. Les quatre chapelains y étaient logés deux par bas et deux par haut.

Quoique la cure fut autrefois beaucoup plus considérable, elle est encore regardée en l'état qu'elle est aujourd'hui, comme une des plus honorables, et des plus belles du Diocèse de Meaux (quoiqu'il y en ait de meilleures pour les revenus), puisque le doyenné rural y a été presque toujours attaché, et que non seulement c'est la seule paroisse de la ville, mais qu'il y a encore plusieurs villages et hameaux qui en sont, tels que le Theil, Montanglaust, Pommolin, Les Moulins des Prez, les Grandes Maisons, partie de Francheville, Triangle, les commanderies de l'Hôpital et de Maisonsneuve, etc., ce qui grossit de près de moitié le nombre des communiants.

N.-B. — Il se pourrait bien faire qu'il manquât quelques curés, surtout dans les premiers temps, parce que parmi les titres et papiers de la cure, il reste très peu d'actes anciens.

Tous ceux qui sont dans la liste des curés ne l'ont pas été pour cela, ni en possession des revenus de la cure ; mais ils faisaient les fonctions curiales, soit comme desservants, soit comme procureurs ou fermiers, et on leur donnait le nom de recteurs, à la différence des curés que l'on nommait toujours en latin, *Curati* ou *Parochi*.

1. — PAYEN (1136).

Curé de Coulommiers. *Paganus, Presbyter de Columbariis* (1). Il est nommé comme témoin dans un accord fait en présence de Manassès II, Evêque de Meaux entre les religieuses de Fontaine et les seigneurs d'Acy et de Bouillancy pour la terre de Nojean, en l'année 1136.

2. — ÉTIENNE (1208).

Prêtre ou curé de Coulommiers; fut témoin avec Gérard son chapelain ou son vicaire à une charte du doyen Etienne de Touquin fils de Pierre de Touquin, fondateur de la chapelle de Saint-Pierre-en-Veuve (2). Il n'est pareillement désigné dans cette charte que sous le titre de *Presbyter de Columbario.*

3. — BERNARD (1220).

Prêtre ou curé de Coulommiers en novembre 1220, sous le titre de *Presbyter de Columbariis.*

4. — MATHIEU (1226).

Est dit Curé de Coulommiers dans une charte de 1226, par laquelle l'Evêque de Meaux donne au chapitre les dixmes nouvelles depuis deux ans et à venir dans la forêt du Mans, par delà les bornes de chaque paroisse, dans

(1) Etait neveu de Payen, doyen de l'Eglise cathédrale de Meaux, sous Manassès Ier.

(2) Sur la paroisse de Mouroux.

laquelle les curés voisins dénommés paraissent et cèdent les novalles. Or, il y est mis : « *Et Matheus de Columbariis presbyter* ».

Cette note vient de M. l'abbé Thomé.

5. — Maître ROBERT (1237-1247).

Curé de Coulommiers où il paraît que le 7 juin, il échangea pour une maison et le droit de saisine qui peut-être y était attaché, seize sols de cens qui devaient lui être payés monnaie de Provins, moitié à la Saint Jean et moitié à la Saint-Remy, pour raison de la cession qu'il avait faite le 7 juin 1237 d'un arpent de terre et d'un arpent de pré scis en la paroisse d'Aulnoy, à Renaud ou Renard prêtre ou curé de Saints, à qui la dite maison appartenait : Voici comment il est parlé de cet échange dans une note qui se lit au bas des lettres de la dite cession, conservées parmi les titres et papiers de la cure de Coulommiers : *Magister Robertus presbyter de Columbario, exembiavit censum præsentium litterarum pro domo et saisinâ defuncti Renardi presbyteri de Sanctis, anno MCCXL septimo mense junio.*

6. — REGNAULT (1302).

Curé de Coulommiers ; fut un des exécuteurs du testament de Jean de Villeneuve, habitant de la dite ville, ainsi qu'il paraît par le dit testament en date du mois d'août 1302.

7. — ROGIER EUSQUE.

Fut curé de Coulommiers environ ce temps-là, et avant ceux qui suivent. Tout ce que l'on sait, c'est que lui, Guillaume son frère et (Oudine), femme du dit Guillaume, donnèrent aux curés de Coulommiers, l'île nommée Chalmole, située en la rivière du Morin, entre Pommolin et cette ville, à la charge par eux curés d'en faire l'anniversaire chaque année.

8. — BERTRAND DE TOURNEMIRE (1340-1347).

Est dit Curé de Coulommiers en 1347, qu'il fut présent comme témoin à deux actes de l'Official de Meaux, au sujet de la fondation de la chapelle de la Trinité, en l'Église de Sainte-Foi, le premier en date du 25 avril 1347, et le second au mois de septembre de la même année, où il est nommé *Bertrandus de Tournamira, presbyter, curatus ecclesiæ parochialis de Columbariis*. Il y a en Auvergne une famille noble de ce nom. Il était déjà curé en 1340.

9. — PIERRE DE REBAIS (1350).

Est dit curé de Coulommiers dans deux actes latins, l'un de décembre 1350, l'autre du mois de janvier de la même année, 1351, *Petrus de Resbaco presbyter curatus ecclesiæ parochialis Sancti Dionysii de Columbariis in Briâ* (1). Il y a eu à Coulommiers une famille de ce nom.

10. — HENRY RUALE (1360).

Etait Curé de Coulommiers le Vendredi après les Cendres de l'an 1360. C'est ce que M. Thomé, chanoine de Meaux, dit avoir découvert dans les titres et papiers du chapitre de cette église. Cependant il paraît que, dès le mois d'octobre 1356, Jean Blanchandin était déjà curé de cette ville et qu'il vivait encore en décembre 1406. Il y a apparence que ce Ruale n'était que recteur de cette paroisse, si toutefois il l'a été. Il faisait les fonctions de notaire apostolique en 1350, et reçut et signa en cette qualité sur le repli d'une sentence de l'official de Meaux, rendu en faveur de Pierre de Rebais, alors curé de Coulommiers. Il se disait en novembre 1368, lieutenant ou commis du

(1) Peut-être tirait-il son nom du lieu où il était né ; peut-être était-ce celui de sa famille, car il y en avait une à Coulommiers qui se nommait ainsi.

tabellion Laurent Lambert. Il passait et recevait des actes en son nom. Dans le testament de cet Henry Ruale, en date du vendredi avant la fête de Saint-Denis d'octobre 1371, il ne se qualifie pas de curé de Coulommiers.

11. — JEAN BLANCHANDIN (1356).

Curé de Coulommiers, dès le mois d'octobre 1356; fut sans doute le successeur de Pierre de Rebais.

Il eut grande part à l'établissement des chapellains de son église, et ce fut par ses soins que le 17 mars 1397-(1398), il obtint de Pierre Fresnel, Evêque de Meaux, des lettres de confirmation. Il paraît par ces lettres que ces chapelains étaient d'abord au nombre de six, et qu'il leur donna dix livres de tournois de rente à prendre sur tous ses biens, aux conditions toutefois et sous la promesse qu'ils avaient faite de dire et chanter solennellement les dimanches et fêtes d'obligation, tout l'office divin, c'est-à-dire matines.vespres et complies auxquels ils seraient tenus d'assister avec le surplis et l'aumusse : *ad quod quidem servitium sic per ipsos faciendum tenebantur interesse dicti presbyteri induti bene et honeste superpelliceo cum almucià.*

Et ce fut sans doute en vertu de ces mêmes termes insérés dans l'acte de leur confirmation qu'ils prétendirent par la suite être en droit d'assister à l'office avec l'aumusse. Mais ils ne furent pas maintenus dans cette prérogative. Quoique dans ces lettres il soit dit expressément que leur nombre de six ne pourra être augmenté ni diminué, ils ne tardèrent pas à être réduits à quatre, attendu le malheur des temps et la modicité de leurs revenus. Quant au droit de nommer aux dites chapelles, on ne voit pas, en vertu de quoi le curé est devenu collateur. Il paraît au contraire par les lettres mentionnées ci-devant, que dans le cas où il arriverait que quelqu'un des chapelains cesserait de résider à Coulommiers, ou qu'il vînt à se déranger dans ses mœurs, c'était aux autres chapelains à lui choisir un successeur, sans qu'il soit parlé en aucune manière du curé. Voici les termes : *Et si contingat aliquem prædictorum presbyterorum in alio loco quam apud Columbarios moram seu residentiam facere, aut vilam inhonestam et diffamatam ducere, alii poterunt alium præsbiterum, ... in loco ipsius constituere.*

On ignore comment ce droit de collation fut dans la suite dévolu au curé seul, et il y a grande apparence qu'un tel changement n'a pu se faire que du consentement des chapelains, parties intéressées. Cela sera peut-être arrivé sous les curés Adam Baratte, ou Mathieu Gillet qui étaient gens d'esprit, et avaient un grand crédit dans l'Eglise de Meaux, dont ils tenaient les premières places. Les chapelains étaient alors tous prêtres et tenus à résidence.

Le Curé Blanchandin est un de ceux qui a le plus longtemps occupé cette place. Il était encore vivant le 1er décembre 1406, de sorte qu'il tint cette cure plus de cinquante ans. Il resta presqu'entièrement privé de la vue pendant les vingt dernières années de sa vie, et mourut pauvre, se trouvant hors d'état de prendre soin de ses affaires, s'il faut s'en rapporter à Adam Baratte, son successeur qui le dit dans une requête présentée aux juges pour contraindre ses débiteurs au paiement.

Ce curé avait un frère ou un neveu du même nom que lui, qui fut un des six premiers chapelains de l'église Saint-Denis de Coulommiers.

12. — MAISTRE ADAM BARATTE (1409).

Succéda à Jean Blanchandin dans la cure de Coulommiers, et en était en possession le 27 avril 1409. Dès ce temps-là, il était déjà chanoine et chantre de l'église cathédrale de Meaux.

Comme ces deux bénéfices demandaient une égale résidence à Meaux, il admodia sa cure à plusieurs vicaires ou fermiers, l'un après l'autre. Il était chapelain de Veuve en 1425; il résigna sa cure sur ses vieux jours à Mathieu Gillet, son vicaire, son élève et son ancien domestique, qui lui remit en même temps la chapelle de Saint-Maur dans l'église de Crouy.

Il mourut fort riche et fort vieux en la ville de Meaux environ l'an 1434. Il était alors chanoine et chantre de l'église de Meaux, et avait été vicaire de Robert de

Girême, Évêque de Meaux, pendant sa prison en Angleterre.

13. — JACQUES TAYNE (1411).

Curé de la Chapelle-Iger au diocèse de Meaux, se disait chapelain ou recteur de la paroisse Saint-Denys de Coulommiers, en 1411.

Voici les qualités qu'il prend dans un testament du 5 août de cette année :

Jacobus Tayne, presbyter, curatus parochia Ecclesiæ de Capelle Ygerii Meldensis diocesis capellanusque seu rector parochialis Ecclesiæ Sancti Dionisii de Columbariis in Brià, ejusdem diecasis. Ces mots *Chapellain* et de *Recteur* font croire que ce n'était qu'un vicaire ou desservant ou plutôt un fermier ou admodiateur du Curé Baratte.

Ce Jacques Tayne est mort en 1418.

14 — JEAN BOSDIÈRE (1419-1420).

Prêtre de Coulommiers, et d'abord vicaire du précédent, se disait recteur de la paroisse de Coulommiers en février 1419 (1420) ainsi qu'il paraît par un testament du 19 de ce mois reçu par Pierre Faillet, curé de Giremoutiers, son vicaire ou chapelain. Il devint doyen rural de la ville de Coulommiers, après la mort de Pierre Gobin, curé de Saints. Le même Bosdière fut choisi en 1429 pour aller au Concile de Paris ou de Sens, pour le Diocèse de Meaux.

Ce *choix* le désigne assez clairement comme occupant alors la cure de Coulommiers au titre de *recteur* (1).

(1) C'est Adam Baratte qui était *titulaire* de la cure de Coulommiers en 1429, dont J. Bosdière n'était que le fermier ou recteur quand Charles VII et Jeanne d'Arc y vinrent en 1429.

15. — GILLES BRETON (1420).

Fermier ou recteur de la cure de Coulommiers pour Adam Baratte. Sa régie commença environ en 1420. Il passa depuis à la cure de Faremoutiers.

16. — DENIS CHAUDRON (1425).

Prêtre. Se dit recteur de l'église paroissiale de Coulommiers en 1425. Il pourrait bien être un des chapelains de cette église. Il était natif de Coulommiers d'une famille qui tenait rang parmi la bourgeoisie et qui possédait en partie le fief et seigneurie de (Mécourles ?) Il paraît qu'en 1434, il était vicaire du curé Mathieu Gillet (qui suit).

17. — JEAN BRACAIRE

Prend le titre de *rector ecclesiæ parochialis sancti Dionisyi de Columbariis*, dans un testament qu'il reçoit le 16 septembre 1421 de Jean de Cormailles, Chevalier de la paroisse de Plessis-feu-Aussoult, décédé en la ville de Coulommiers et inhumé dans le chœur de la paroisse du dit lieu. Ce recteur était natif de Coulommiers dont la famille demeurait dans le quartier du Dos d'âne et avait donné son nom à une tour des remparts appelée la tour Bracayre, parce qu'elle était voisine de leur maison.

18. — MATHIEU GILLET (1432).

En latin *Matheus Œgidii*, Bachelier en décret, curé de Coulommiers dès le 13 juillet 1432. Ce curé était né, dit-on, à la campagne, dans les environs de Paris, de parents très pauvres. Adam Baratte, curé de Coulommiers, le prit à son service dans sa jeunesse, et en fit d'abord son chasseur ou fauconnier. Dans la suite, ayant remarqué dans ce jeune homme beaucoup d'esprit et de talent, il le fit étudier, prendre des degrés dans l'Université de Paris en fit l'un de ses vicaires et lui résigna la cure quelques années avant sa mort.

Mathieu Gillet fut un zélé défenseur des droits de son église; il entreprit plusieurs procès pour la conservation des rentes qui lui étaient dues, entre autres de quelques muids de blé que les maisons de la cour des Houlles étaient tenues de lui payer.

Dans la suite, à l'exemple de son bon maître, Adam Baratte, il passe dans le chapître de l'Église de Meaux, dont il fut d'abord chanoine, puis chancelier, sans que pour cela, il quitta sa cure de Coulommiers qu'il donna aussi à ferme à différents particuliers. Nous apprenons une partie de ces faits d'une enquête du 29 octobre 1481 faite par Simon Dumont, lieutenant général de Meaux dont voici les termes :

« Maître Mathieu Gillet, prêtre, chanoine et chancelier
« de l'Eglise de Meaux, âgé de 73 ans, a dit que l'an
« 1424, il fréquenta l'église, et même à ce même temps
« servait comme clerc défunt Maître Adam Baratte,
« chanoine chantre, et vicaire de feu M. Robert de Giresme
« évêque de Meaux alors prisonnier en Angleterre et
« demeura le dit Gillet l'espace de dix ans au dit service
« et depuis servit feu M. Jean de Boury (ou plutôt Boiry)
« aussi évêque et après M. Pierre de Versailles qui lui
« donna la prébende qu'il tient, et dès ce temps, 44 ans
« en ça ou environ, entra au chapître avec la régale du
« Roi Charles VII, et dit que nul ne peut et ne doit
« posséder aucune dignité dans l'Église de Meaux, s'il
« n'est chanoine. »

M. l'abbé Thomé, chanoine de Meaux, de qui nous tenons cette enquête, nous apprend dans sa lettre du 9 juin 1749 aux auteurs de la nouvelle Gaule chrétienne que Mathieu Gillet fut un des grands bienfaiteurs de l'Eglise de Meaux, où il fonda la chapelle de Saint-Mathurin, et que par reconnaissance le chapitre de cette Eglise le nomma le 9 décembre 1474, à la léproserie de Chailly, proche Coulommiers, vacante par le décès de Guy Burdelot, doyen du dit chapître. Il est dit chanoine et official de Meaux dans un acte de 1476, et de plus chapelain de la chapelle de Saint-Pierre-en-Veuve.

En 1470, ce curé fit un legs de quatre livres tournois de rente à son église de Coulommiers, à prendre sur la maison du Lion d'argent, scise dans la rue du Château, à la charge de deux obits solennels par an.

Il paraît qu'en avril 1481, il n'était plus curé de Coulommiers, Jean Simon remplissant alors cette place.

C'est ce Mathieu Gillet qui a donné le jardin aujourd'hui attaché au presbytère. Il mourut en 1484.

Par son testament, il avait fait un legs considérable à son église de Coulommiers, en fonds de terre, à la charge de quelques services. Mais la chose étant venue à la connaissance des chanoines ses confrères, ils firent tant par importunité auprès du vieillard moribond, en lui faisant entendre que ces services seraient beaucoup mieux acquittés en leur église, que dans celle de Coulommiers, où l'on ne se souvenait peut-être déjà plus de lui, qu'ils lui firent révoquer ce legs en faveur de la cathédrale qui en jouit encore aujourd'hui. Il consiste en 80 arpens de terre ou environ scis à Etrépilly.

19. — **JEAN COQUET** (1447).

Prêtre et vicaire de l'église paroissiale de Coulommiers, en est aussi dit recteur dans un vidimus de testament du 24 juillet 1447 ainsi que dans des actes de 1448 et 1449, et dans un autre du lundi, lendemain de Pâques fleuries 1468 (1469) et de plus dans un testament qu'il reçoit le 23 février (1467-1469) où il ne prend que le titre de *Rector vel parochus Sancti Dionisii de Columbariis*.

Il y paraît dans ce temps un Jean Coquet, chapelain de Coulommiers qui pourrait bien être le même, ainsi qu'un Jean Coquet, curé de Chailly en octobre 1481.

Il y a apparence qu'il fit plus d'un bail, car le temps de son administration de l'église de Coulommiers fut interrompu par Simon Guérard et Jean Desbordes. Le même était alors curé de Chailly en 1485, et est encore dit fermier de la cure de Coulommiers, le 13 février 1476.

20. — SIMON GUÉRARD (1453).

Prêtre, est dit recteur de l'église paroissiale de Saint-Denis de Coulommiers, conjointement avec Jean Coquet en 1453 et 1454 et étaient tous les deux chapelains de Coulommiers.

21. — JEAN DESBORDES (1459).

Prêtre et chapelain de l'église de Coulommiers, fut encore un des desservants ou fermiers de Mathieu Gillet en 1459 (1460), le 6 avril avant Pasques et en mai 1462. Il se dit encore recteur de Coulommiers (l'église de) en janvier 1463. Il mourut curé de Mouroux, et chapelain de Coulommiers; son testament est du 4 septembre 1467.

22. — JEAN SYMON (1481).

Curé de Coulommiers, fut le successeur de Mathieu Gillet et prit ce titre le 27 avril 1481, après Pasques. Il n'en jouit pas longtemps, étant mort à la fin de l'année 1484.

On voit par un extrait de son testament en date du 13 décembre 1484, qu'il était à la fois curé de Coulommiers et de Saint-Martin, au marché de Meaux, et qu'il laissa à chacune de ces deux églises, une somme de deux livres parisis de rente, pour faire un service chaque année.

23. — GIRARD (FILAUDIER) (1477).

Prêtre, l'un des chapelains de l'église paroissiale de Coulommiers, en est dit recteur dans un testament qu'il reçoit le 1er septembre 1477, pour et au nom du curé Mathieu Gillet. Il exerça les mêmes fonctions, pour le curé Jean Symon, les années suivantes et mourut en 1483.

24. — PIERRE LE CONTE (1481).

Prêtre, recteur de l'église Saint-Denis de Coulommiers en janvier (1481-1482), sans doute pour le curé Jean Symon.

Il paraît qu'il était mort le 1er décembre 1501 et que, lors de son décès, il n'était plus que simple prêtre.

25. — DENIS POSSOT (1484).

Prêtre, fut fait curé de Coulommiers en 1484. Ses provisions sont du 9 décembre de la même année. Il était fils de Pierre Possot, marchand à Coulommiers, vivant en mars (1456-1457).

Il paraît qu'en 1478, il était procureur de Nicolas Fradet, prieur de Ste-Foi. Il prit aussi à ferme, avec Pierre Possot, son père, le prieuré de Ste-Foi, le régit et gouverna pendant près de trente ans.

26. — JEAN RAOUL (1496).

Prêtre, prend la qualité de recteur de l'église paroissiale de Coulommiers, dans un testament qu'il reçoit le 16 juillet 1496. C'était un desservant de Denis Possot qui alors était curé de cette église.

27. — MARTIN DEJOUY (1509).

Prêtre, curé de Coulommiers, en septembre 1509, était d'une bonne et ancienne famille de cette ville qui subsiste encore aujourd'hui. Il était encore curé en novembre 1545. Pendant qu'il était en place, il donna aux commissaires nommés par le Roi, un état des biens et revenus de son église de Coulommiers et joignit un état de toutes les charges dont elle était tenue. Il y avait dans le même temps un Louis Dejouy, curé d'Ormeaux, qui pourrait bien être frère ou neveu de ce curé de Coulommiers.

28. — SIMON PITTET (ou PITTOT) (1516).

Prêtre, recteur de la paroisse Saint-Denis de Coulommiers, signa en cette qualité le 15 janvier 1516 (1517) un testament au rapport de Denis Le Clerc, prêtre de la dite église. Il y a des actes où il se dit procureur et fermier de Martin de Jouy. Il était chapelain de la paroisse de Coulommiers, procureur de leur communauté, et il dressa et signa, le 9 novembre 1526, le procès-verbal de la réception dans la maladrerie de Chailly, de Philippe Bazier, barbier à Coulommiers, reconnu et déclaré lépreux par sentence de l'official de Meaux en qualité de notaire apostolique de la dite officialité. Il fut longtemps vicaire de l'église de Coulommiers, et était curé de Sancy en 1535.

29. — JEAN MAUPIN (1550).

Prête, curé de Coulommiers en septembre 1550. Il avait été chapelain de Coulommiers, et était frère aîné de Denis Maupin, qui fut aussi dans la suite curé de Coulommiers pendant un très grand nombre d'années. Jean Maupin était encore curé en avril 1553 et n'y resta que quelques années. Il était d'une nombreuse et ancienne famille de cette ville.

30. — ANTOINE GUILLOT (1553).

Succéda dans cette cure à Jean Maupin, et la tint encore moins longtemps que lui. Il n'est connu que par son acte de démission et de résignation en Cour de Rome de la dite cure, en faveur de Pierre Rippault, qui suit, datée de Paris le 27 février 1555 (1556).

31. — PIERRE RIPPAULT (1555).

Prêtre du diocèse de Meaux, bachelier en droit canon, fut curé de Coulommiers par la résignation en Cour de Rome, que lui fit Antoine Guillot (du 27 février 1555-1556). On voit les lettres d'approbation du grand Vicaire de l'Évêque de Meaux, Louis de Brézé, du 17 juin 1556; l'acte de prise de possession du dit Rippault du 19 du même mois, le tout entériné au bureau de l'officialité de Meaux, le 26 suivant, à quoi le Prieur de Sainte-Foi, Charles des Ursins en tant qu'il pouvait lui toucher et appartenir, à cause du patronage de la dite cure, joignit aussi ses lettres d'approbation le 1er juillet de la même année. Il était encore curé le 9 novembre 1563.

32. — JEAN DE BOURGOING (1563).

Prêtre, né à Coulommiers d'une famille noble et considérable, succéda au précédent dans la cure de cette ville. Son acte de prise de possession est du 2 janvier 1563 (1564) devant Victor Robcys, curé de Boissy, notaire apostolique, qui l'installa dans la dite cure et qu'il ne posséda que très peu de temps, puisque deux mois après. on trouve le suivant et même dès 1559, ce qui fait croire que ce fut un concurrent de Denis Maupin, qui ne réussit pas dans la poursuite, l'autre lui ayant été préféré, mais on le met ici pour plus d'exactitude.

33. — DENIS MAUPIN (1559).

Commença d'être curé de Coulommiers en 1559. Il était de cette ville, et frère cadet de Jean Maupin, ci-devant curé; il tint cette place l'espace de 45 ans, étant mort à Coulommiers le 6 juin 1604, jour de la Pentecôte, âgé de 78 ans. Il fut inhumé dans son église, où l'on voit encore aujourd'hui son épitaphe, gravée autour de sa tombe devant la chapelle de Ste-Anne, laquelle est affectée au curé.

Voici cette épitaphe :

« Cy-gist vénérable et discrète personne, Maître Denis Maupin, lui vivant Prêtre Curé de Coulommiers et de « Douy-la-Ramée, au diocèse de Meaux, lequel est décédé « le VI jour de juillet mil six cent quatre, après avoir été « curé l'espace de quarante-deux ans. »

« Priez Dieu pour son âme. »

Il est dit dans cette épitaphe qu'il ne fut curé que 42 ans. Ainsi, il faut qu'il ait résigné sa cure au suivant, qui était son cousin, quelques années avant sa mort.

Il s'opposa avec vigueur aux progrès de la religion prétendue réformée, et obtint en 1565, un arrêt du Parlement portant défense à ceux de cette religion de *s'assembler*, ni faire presche dans la ville et faubourg de Coulommiers. On peut juger par là que c'était un pasteur attentif et vigilant.

Il ne fut pas moins jaloux de défendre les droits de son église, et d'en défendre les biens et entra à ce sujet, dans un grand procès avec l'abbesse de Faremoutiers, qui fut terminé à son avantage.

C'est l'un des deux curés du diocèse de Meaux qui fut choisi en 1585, avec celui d'Etrépilly, pour consentir au nom des autres curés, avec les députés du haut clergé du même Diocèse, à l'aliénation des biens ecclésiastiques montant pour sa part à la somme de 52.000 livres, faisant partie de celle de 50.000 écus à constituer en rentes, au denier vingt-quatre que le Pape par sa Bulle avait permis au Clergé de France de faire de ses biens, et dont il s'agissait alors de faire la répartition pour ce qui concernait le Diocèse de Meaux.

Ce curé avait été d'abord chapelain de Coulommiers, et était en même temps curé de cette ville et de Douy-la-Ramée, au Diocèse de Meaux, et encore chapelain de St-Pierre-en-Veuve.

Il eut pour successeur Jean Du Camp son parent et n'était plus curé en 1601.

34. — JEAN DU CAMP (1602).

Prêtre, chapelain de la Sainte-Chapelle du Palais, à Paris, fut nommé à la cure de Coulommiers apparemment sur la résignation du précédent qui était son cousin, en septembre 1602. Mais il ne commença à en faire la fonction que le 9 juin 1604. Il était d'une famille bourgeoise de cette ville, qui était allée s'établir à Paris. Le nom de ce curé se trouve sur une des cloches de la paroisse qui fut fondue de son temps en 1605. Il ne tint cette cure qu'environ dix ans et est mort en mars 1611. Par une quittance de son neveu, qui se dit son procureur, du 4 juin 1610, il paraît qu'il n'était déjà plus curé et en effet, on trouve qu'il cesse de l'être en novembre 1609.

35. — DENIS JOBARD (1609).

Docteur en droit, et auparavant vicaire de l'église de Coulommiers, succéda en 1609, à Jean Du Camp, dans la cure de cette ville, et signa en cette qualité un registre baptistaire de cette paroisse, le vingt-deux novembre de la dite année, ainsi qu'il paraît par ces mots que l'on lit en tête : « *Incipit liber seu catalogus puerorum Sacra-* « *mento Baptismatis initiatorum anno Domini mille-* « *simo sexcentesimo Decimo, Curione magistro Dionysio* « *Jobard*, 22 novembre 1609 ». Le même en signa encore un autre le 2 novembre 1616, et encore un troisième le 22 novembre 1621. Mais le 15 janvier suivant 1622, c'est Jacques Bernard qui signe comme curé : ce qui prouve qu'il fut son successeur immédiat et qu'il mourut dans cette place à la fin de 1621.

36. — ANTOINE GAMBIER (1621).

Prêtre, né à Coulommiers, est dit dans son épitaphe curé de Coulommiers, et de Sains et grand vicaire du prieuré de Ste-Foi. Il était aussi chapelain de la chapelle de

St-Lazare près Chailly, et mourut suivant son épitaphe le 29 avril 1633, âgé de 96 ans, après avoir desservi le dit prieuré de Sainte-Foi dont il était aussi sacristain pendant l'espace de 50 ans

Cette épitaphe se trouve à gauche du chœur de l'église du dit prieuré, vis-à-vis la porte de la sacristie. Les provisions du dit Gambier pour la cure de Coulommiers, sont du 4 décembre 1621. Il paraît par ces provisions qu'il était bachelier en droit canon et qu'il obtint cette cure vacante par le décès de Denis Jobard. Malgré cela, on ne voit pas qu'il soit entré en jouissance, et l'on ne trouve point ses lettres de prise de possession. Ce qu'il y a de certain, c'est qu'il fut un compétiteur de Jacques Bernard (qui suit), mais qui ne tarda pas à se désister.

37 — **JACQUES BERNARD** (1622).

Prêtre, curé de Coulommiers, obtint d'abord ce bénéfice en vertu de ses grades, en mars 1611, apparemment lorsqu'il vint à vaquer par la mort de Jean Du Camp, ayant présenté à cet effet, les 21 et 29 des dits mois et an, à Messire René de Mesgrigny, prieur de Sainte-Foi de Coulommiers, collateur du dit bénéfice, des lettres de maître es-arts, de l'Université de Paris. Les actes de présentation furent entérinés au greffe ecclésiastique de Meaux le 29 du dit mois, et le 6 avril suivant. Ses lettres de prêtrise sont du 2 mars 1613. Voici au sujet de ces lettres ce qui paraît digne de remarque : C'est que cet ecclésiastique, soit dans la vue d'obtenir plus tôt un bénéfice, ou pour quelqu'autre raison quelconque, ayant reçu avec connaissance de cause les ordre sacrés, un an avant l'âge prescrit par les Canons, il fut obligé de se pourvoir en Cour de Rome pour se faire relever de cette irrégularité. Pour raison de quoi, il lui fut enjoint de s'abstenir (suspendu) de ses fonctions sacerdotales pendant quinze jours et de jeûner tous les samedis pendant une année entière.

C'est ce qu'on apprend des lettres d'absolution qui lui furent données le 19 juillet 1614 par M. du Vieux-Pont, lors évêque de Meaux auquel il se présenta pour mettre à exécution le mandement du Pape obtenu à cet effet.

Denis Jobard l'emporta alors sur Jacques Bernard et lui fut préféré dans la cure de Coulommiers, et ce ne fut qu'après la mort de Jobard qu'il fit pour la seconde fois valoir ses prétentions sur cette cure; encore y fut-il troublé, d'abord par Antoine Gambier.

Ce Bernard était de Coulommiers, d'une ancienne famille bourgeoise, laquelle y subsiste encore aujourd'hui divisée en plusieurs branches.

L'Histoire de l'Eglise de Meaux dit que ce fut ce curé qui, en 1622, se mit à la tête des trois chapelains de la paroisse nommés Etienne Frodeau, Nicolas Chéron, et Jacques Maillard, et voulut se mettre en possession de porter avec eux l'aumusse au chœur, laquelle avait été accordée aux premiers chapelains, lors de leur institution, mais il ne put réussir dans cette tentative.

Voici comment s'explique l'auteur, p. 126, Liv. II : « Au « commencement du dix-septième siècle, Claude (c'est « Jacques) Bernard, curé de St-Denis, et deux ou trois « chapellains en titre qui desservaient la paroisse sous « lui, réveillèrent la querelle sur le droit d'aumusse, qu'ils « entreprirent de porter. Le prieur de Ste-Foi, René de « Mesgrigny, s'y opposa en 1622, et la leur fi quitter ».

Jacques Bernard tint cette cure jusqu'en 1643, où il mourut entre le 15 et 20 décembre. Non seulement il fut curé, mais aussi doyen de Coulommiers et dans le registre mortuaire où est marquée sa mort, il est qualifié ; *Magister Bernard Jacobus, Presbyter, Curatus nec non Decanus Columeriensis*. C'était un homme de mérite et d'esprit qui remplit dignement les devoirs de son ministère.

Richelieu vint à Coulommiers vers la même époque (durant le carême en 1630). *Jacques Bernard*, curé de la paroisse, à la tête du clergé en robes et en soutanes, le harangua à l'entrée de l'allée, comme il revenait du Château neuf qui n'était pas encore meublé au vieux Château où il était logé (Martial Cordier).

38. — PIERRE AUBERT (1644).

Prêtre du diocèse d'Avranches. Bachelier en théologie de la Faculté de Paris, curé et doyen de Coulommiers, fut pourvu de cette cure le 6 janvier 1644 et en prit possession le 13 des mêmes mois et an. Il signa en qualité de curé sur les registres baptistaires depuis le 3 mars 1644, jusqu'au 20 mai 1646. et Laurent de L'Amour, son successeur, était déjà curé le 25 juin suivant et n'occupa guère cette place qu'une année et demie.

Il eut beaucoup à souffrir pendant ce temps des violences de Mathieu Le Normand, grand vicaire et sacristain du prieur de Ste-Foi qui le troubla dans une partie de ses fonctions sous prétexte de représenter le prieur curé primitif de son église.

Il avait été précédemment conseiller et aumônier de son Altesse Sérénissime Madame Anne Geneviève de Bourbon, duchesse de Longueville; on ignore le temps de sa mort et s'il était encore curé.

39. — LAURENT DE L'AMOUR (1) (1657).

Prêtre, bachelier en théologie de la Faculté de Paris, fut successeur de P. Aubert en la cure de Coulommiers. On ignore si ce fut par résignation ou autrement. Il était de Coulommiers, fils ou frère, dit-on, d'un élu de cette ville. Il mourut en 1675 et était alors curé et doyen rural.

40. — JOSEPH CHUQUELIN (2) (1675).

Prêtre, bachelier en théologie, était vicaire du précédent, lorsqu'il fut nommé pour lui succéder en 1675. Il était de la Ferté-Gaucher ou de Jouy-sur-Morin, d'une

(1) *Mag. Laurentius de Lamour, decanus ruralis de Collumerin* fut convoqué au Synode de Meaux (1657).

(2) Joseph Chuquelin était honoré de l'estime profonde de son Evêque J.-B. Bossuet. C'était avec une véritable joie que dans ses nombreuses visites qu'il fit à Coulommiers, la deuxième paroisse de son Diocèse, il recevait l'hospitalité de ce prêtre distingué, autant qu'aimable.

Le 3 décembre 1685, son vicaire Gabriel Lepelletier reçut en son nom, et signa avec l'acceptation, par devant notaire, d'un legs fait par Jeanne Blondeleau, à l'église Saint-Denys de Coulommiers pour l'insti-

famille plus recommandable par la probité que par les biens. Il occupa cette place plus de 45 ans, n'étant mort qu'à la fin de 1720, dans un âge fort avancé. C'était un homme d'un caractère aimable, d'une grande douceur, d'une rare politesse, qui joignait à beaucoup d'esprit et de retenue, un bel extérieur, une physionomie gracieuse, et un certain air de dignité qui savait lui concilier tous les cœurs. Aussi fut-il extrêmement regretté de toute la ville, qu'il avait vu presque entièrement renouvelée. Il était lorsqu'il mourut doyen de Coulommiers. Il est signalé par M. Dessaint comme bienfaiteur de l'hôpital en 1720.

41. — JEAN MILLOT (1721).

Prêtre du Diocèse d'Autun, fut nommé en 1721 par M. Goulard, archidiacre de Paris, ex-prieur de Sainte-Foi de Coulommiers, pour remplacer M. Chuquelin. Et il ne pouvait choisir personne de plus capable, ni qui put mieux réparer la perte que l'on venait de faire. C'était un homme sage, éclairé, d'un bon conseil, et d'une grande expérience. Et il ne manqua, pour la satisfaction de ses paroissiens, de le conserver jusqu'à la fin de sa vie. Il crut après plus de 25 ans de soins, de travail et d'application qu'il lui était permis de chercher la retraite et le repos, et obtint en 1746, de Mgr de Fontenilles, évêque de Meaux, un canonicat de sa cathédrale. Il fut plus de la moitié de son temps revêtu du titre de Doyen de Coulommiers. Il est mort à Meaux au mois d'octobre 1761 et a laissé par son testament une somme de mille livres à l'église paroissiale de Coulommiers, pour être placé sur l'hôtel de ville de Paris, ou sur le clergé de France. Sur les arrérages de laquelle somme doit être prise celle de (......) livres pour la fondation à perpétuité de

tution dans cette paroisse, « des prières quarante heures », fondation qui fut, selon les termes du contrat « *louée* et *approuvée* par Monseigneur « l'illustrissime et révérendissime Jacques Benigne Bossuet, Evêque de « Meaux ainsi qu'il est écrit de sa propre main en marge de la dernière « page du contrat daté du 14 janvier 1685. » (Acte passé devant Berthereau notaire à Coulommiers).

quatre messes basses, le samedi de chacun des quatre tems et aussi pour celle d'un obit haut, voulant que le restant des dits arrérages soit partagé également entre le curé et la fabrique.

Et en outre, il donna par le même testament une somme de 500 livres une fois payée, à distribuer aux pauvres de la même paroisse.

42. — GUILLAUME PARENT (1746).

Prêtre du diocèse de Reims et né en cette ville où il avait professé la philosophie pendant quelques années, passa de la cure de St-Barthélemy-en-Beaulieu, au diocèse de Meaux, à celle de Coulommiers, à la fin de 1746 par la démission de M. Millot, et après que cette cure eut vaqué pendant quelques mois. Le curé de Chartres ou Arpajon, diocèse de Paris, à qui le sieur Goulard, Prieur de Ste-Foi et collateur avait confié ce bénéfice, et qui était venu en prendre possession, y ayant presqu'aussitôt renoncé, ce fut Mgr de Fontenilles évêque, de Meaux qui nomma celui-ci, du consentement du dit sieur collateur, et il a rempli dignement cette place pendant près de quinze ans. Il est mort le 19 novembre 1761, en son presbytère, âgé de 60 ans, pleuré et regretté de tous les habitants dont il avait acquis l'amour et l'estime.

Il laissa en mourant entre les mains du sieur Simonnet, alors son vicaire et depuis curé de Saint-Nicolas de Meaux, une somme de 900 livres pour être convertie en bled, et distribué aux pauvres de sa paroisse, ce qui fut exécuté ponctuellement le mois de janvier suivant.

43. — GUILLAUME RIHOUEY-DESNOYERS (1) (1762).

I

C'est à Paris que le 16 juillet 1724, naquit et fut baptisé Guillaume, fils de François Rihoüey-Desnoyers et de Françoise Buot-Desbellangers.

Avec le lait maternel, cet enfant de bénédiction suça, pour ainsi dire, la crainte et l'amour de Dieu. D'après son propre témoignage, c'est dans un milieu sincèrement chrétien que s'écoula sa petite enfance. Au foyer paternel, une surveillance exacte et incessante prévenait les écarts et protégeait l'innocence des enfants; vigilance d'autant plus grande que les occasions de voir et d'apprendre le mal étaient plus fréquentes.

Le respect de la religion et des préceptes de l'Eglise passait avant tout. Le repos du dimanche et des fêtes était exactement observé au foyer domestique, selon l'usage universel de ce temps, usage que de prétendues nécessités professionnelles ont presque aboli.

Il est superflu de dire que la prière et les autres pratiques religieuses développèrent les goûts de piété du petit Guillaume et déterminèrent sa vocation à l'état ecclésiastique. Placé au séminaire pour y faire ses études, il s'y distingua par une grande exactitude à tous ses devoirs et surtout par l'aménité de son caractère et sa bonté envers ses condisciples.

A dix-neuf ans, il avait terminé ses études classiques. En 1743, il passait brillamment ses examens et recevait le diplôme de maître ès-arts en l'Université de Paris,

(1) Nous empruntons la majeure partie de cette notice à une intéressante brochure de M. l'abbé Hureau, curé de Saints, aujourd'hui endormi dans la paix du Seigneur.

titre auquel correspond aujourd'hui celui de bachelier ès-lettres (1).

Cependant, en dépit de ses succès scolaires, en dépit même de ses belles qualités morales, M. Desnoyers ne pouvait régulièrement être admis aux saints Ordres : il était borgne de l'œil gauche, ce qui, en droit, constitue une irrégularité, dont les évêques sont juges. A Paris, ses supérieurs refusèrent de l'admettre et il est bien permis de voir dans cette mesure de rigueur une intervention de la Providence. A Meaux, M. de Fontenilles, à qui on le présenta, fut plus accommodant. Il le reçut dans son séminaire et procura ainsi à son diocèse un homme vraiment apostolique. La conduite exemplaire du jeune lévite, sa piété surtout, lui concilièrent l'estime et l'affection de ses maîtres. L'un d'eux l'a redit à M. Sassinot, qui fut vicaire de M. Desnoyers : « Il fut dès lors aussi fervent qu'à la fin de ses jours ». C'en était assez pour autoriser M. de Fontenilles à lever en sa faveur l'irrégularité *ob defectum corporis* et, aux Quatre-Temps de septembre 1749, il l'ordonna prêtre.

(1) Cette pièce, dont le libellé intéressera plus d'un lecteur, est conservée religieusement au presbytère de Coulommiers, ainsi que divers instruments de pénitence ayant servi au vénérable curé :

Universis præsentes litteras inspecturis Rector et Universitas studii parisiensis salutem in eo qui est omnium vera salus.

Cùm universi fidei catholicæ cultores tam naturali æquitate quam divinæ legis præcepto sint obstricti ut fidele testimonium perhibeant veritati, multo magis convenit ut viri Ecclesiastici diversarum scientiarum Professores, qui veritatem in omnibus scrutantur, ac in eâ alios instruunt et informant, ut sic nec amore, vel timore aut alia quacumque occasione devient a rectitudine veritatis et rationis. Hinc est quod nos, in hac parte veritati testimonium perhibere cupientes, omnibus et singulis, quorum interest, tenore præsentium notum facimus quod dilectus noster *Guillelmus Rihoüey-Desnoyers Parisinus*, in Artibus Magister, gradum Magisterii in præclara Artium Facultate Parisiensi, examinibus rigorosis, anno Domini millesimo septingentesimo quadragesimo tertio, die vero vigesima mensis decembris, secundum prædictæ Facultatis Artium statuta et consuetudines, diligenter præhabitis solemnitatibus in talibus assuetis, laudabiliter et honorifice adeptus est.

In cujus rei testimonium sigillum nostrum magnum præsentibus Litteris duximus apponendum.

Datum Parisiis anno Domini millesimo septingentesimo quadragesimo tertio, die vigesima decembris.

N. Piat.

II

Aussitôt après son ordination, M. Desnoyers fut envoyé à Coulommiers avec le titre de vicaire. Il y fut installé le 23 septembre 1749. Pendant dix ans, il remplit ses fonctions avec la plus édifiante fidélité. Sa piété, son zèle, sa loyauté, sa candeur, son désintéressement, son amour pour les pauvres, son entière et prompte obéissance aux ordres de ses supérieurs avaient révélé en lui le prêtre selon le cœur de Dieu, préparé pour toute bonne besogne: *ad omne opus bonum instructus*. Sans qu'il les cherchât, l'estime et l'affection de tous lui étaient acquises. Grande fut donc la peine de ce bon peuple de Coulommiers quand, le 20 décembre 1759, M. de Caussade, évêque de Meaux, le nomma directeur des religieuses de la congrégation de Notre-Dame établies dans l'ancien Château, où elles tenaient un pensionnat de jeunes filles. Bien qu'il ne quittât pas la ville, il allait désormais se livrer tout entier à cette portion choisie du troupeau, et vivre de cette vie solitaire et voilée et qui cadrait si bien avec ses goûts. Son désir le plus vif eût été de finir là ses jours. Mais deux années à peine s'étaient écoulées, que la mort de Messire Guillaume Parent, curé de Coulommiers, venait donner à cette âme docile une orientation nouvelle. Pour successeur du vénéré défunt, on réclama son ancien vicaire. Le collateur de la cure était à cette date Messire Philippe Pidoux de Montanglaust, doyen du chapitre de la cathédrale, en sa qualité de prieur de Ste-Foy. Les habitants lui présentèrent une requête pour lui demander la nomination de M. Desnoyers. Accédant à leurs vœux, il fit nommer le candidat de leur choix, et le 25 février 1762, M. Rihoüey-Desnoyers prit possession de l'importante cure de Coulommiers. Il n'avait pas trente-huit ans.

Cette démarche des notables montre la haute estime qu'on avait de son mérite. Quelques années après, toute la ville lui témoigna plus ostensiblement encore l'affection qu'on lui portait.

Le bon pasteur était tombé dangereusement malade par suite des fatigues qu'il avait endurées à l'occasion des fêtes de Pâques. On fit des prières publiques pour obtenir sa guérison, et « tout le temps qu'il fut malade, ou, du moins, qu'il fut en danger, il y eut toujours le même concours et la même affluence à l'église », dit l'auteur du manuscrit Hébert. Cet attachement se conçoit aisément quand on se rappelle que depuis quinze ans qu'il habitait Coulommiers, tout le monde avait pu apprécier ses vertus éminentes : son humilité, son désintéressement, sa charité envers les pauvres, sa compassion pour les affligés, sa condescendance et sa bonté à l'égard de tous.

Dans sa pensée, la charge pastorale l'obligeait à croître sans cesse en sainteté. Placé à la tête du troupeau, il en devait être le modèle aussi bien que le guide. Aussi s'imposa-t-il tout de suite ces trois règles de conduite bien connues : être un ange à l'église, un apôtre dans les rues, un solitaire à la maison. Et sa fidélité à ces maximes fut inviolable. Entrons dans quelques détails.

Par respect pour la présence très spéciale de Dieu dans l'église, il avait pris et conservé l'habitude de faire sa prière à la porte même, près du bénitier, comme s'il eût craint de pénétrer plus avant sans avoir d'abord adoré le Maître du lieu. Il disait la messe avec une piété tout angélique, à onze heures ordinairement, n'y mettant jamais moins d'une demi-heure et consacrant le même temps à l'action de grâces, qu'il faisait toujours à genoux sur le carreau. « Jamais je ne le vis s'appuyer sur rien », dit l'abbé Sassinot.

Dans les rues, la modestie et la gravité de son maintien étaient une prédication muette. Quand l'*Angelus* sonnait, quelque temps qu'il fît, il s'agenouillait pour le réciter : ce qui ne pouvait qu'édifier en ce temps déjà éloigné, où les pratiques pieuses avaient encore droit de cité.

A la maison curiale, il vivait en parfait solitaire, consacrant à l'étude et aux lectures professionnelles tout le temps qui lui restait après les œuvres de son ministère. L'a-t-on jamais vu prendre un délassement, s'adonner à un divertissement quelconque? Il ne se distrayait que par le changement d'occupation. A plus forte raison se refusait-il aux entretiens inutiles et oiseux, même après le repas. Maintes fois il assura qu'il se livrait à l'étude la plus sérieuse, au sortir de table, avec autant de facilité qu'à tout autre moment, grâce à une longue habitude. Aussi, lorsqu'il recevait à dîner, ce qu'il faisait chaque fois qu'il avait un prédicateur du dehors, on le voyait souvent, vers la fin du repas, s'esquiver adroitement pour monter à sa chambre ou vaquer au dehors à quelque bonne œuvre. Et personne ne pensait à s'en formaliser, tant il y mettait de bonne grâce.

A sa table, il ne souffrait aucun manquement notable à la charité. Un jour, il s'éleva parmi ses convives un débat où il semblait comme impossible de ne pas condamner une des parties. Il trouva cependant le moyen de les accorder et pour ménager celui qui avait tort, tout en lui imposant silence : « Il y a oubli, dit-il, dans la partie qui nie ».

Un enjouement modeste animait ses causeries, gaieté de bon aloi parfaitement compatible avec la gravité ecclésiastique. Ce solitaire était d'une exquise urbanité. Plus d'une fois, rien qu'à paraître en société, il fit tomber les étranges préjugés perfidement entretenus contre les « dévôts » par les « libertins » de ce temps-là.

Dans ses discours, sermons et allocutions, il intéressait toujours son auditoire par des traits édifiants, qu'il puisait dans ses lectures et racontait ensuite avec beaucoup de facilité. Volontiers et souvent il annonçait à son peuple la parole de Dieu, y mettant toute son âme. Mais, autant que possible, il se procurait, pour les grandes fêtes, un prédicateur étranger, afin d'éveiller l'attention par l'attrait de la nouveauté.

Sa charité n'était pas toute en paroles : il répandait autour de lui d'abondantes aumônes. On l'a même blâmé de son excessive facilité à donner, sous prétexte que plus d'une fois il fut trompé par des fourbes et des hypocrites. C'est l'éternel reproche adressé par les prudents du siècle aux personnes charitables : « La charité croit tout ; le discernement des pauvres est le fait de la police », dit l'auteur d'une notice que j'utilise. Il suffisait de lui exposer ses besoins pour qu'à l'instant il se mît en mesure de les soulager. Il aliéna même une bonne part de son patrimoine pour secourir les pauvres de sa paroisse. Aussi personne ne se scandalisait de lui voir des habits fort peu élégants, ordinairement râpés, quoique propres.

On savait que les indigents de toute classe bénéficiaient de ce qu'il se refusait à lui-même.

A la manière dont il recevait les malheureux, on aurait pu croire que c'était l'obliger que de lui demander l'aumône. Une jeune fille vint un jour lui exposer la misère de son père, pauvre batteur de ciment. Le bon curé lui fit une généreuse offrande, la reconduisit jusqu'à la porte et, la saluant, lui dit : « Bien des respects à monsieur votre père ».

Tant de vertus réunies semblaient devoir assurer à M. Desnoyers les sympathies de tous. Cependant il eut des ennemis, d'implacables ennemis. Dieu permit que son serviteur eût à goûter le pain amer de la tribulation, régime au moins passager dans l'existence des saints.

Un soir, revenant du hameau du Theil, où il était allé voir un malade, il fut arrêté par plusieurs individus, qui le frappèrent rudement. Bien qu'il connût parfaitement les auteurs de cet infâme guet-apens, il ne voulut jamais les dénoncer. Loin même de se plaindre d'un pareil traitement, il se disait à lui-même : « Je l'ai bien mérité : j'ai tant offensé Dieu! C'est lui qui me punit. » Ainsi faisait-il l'essai de cette patience héroïque et de cette indulgente bonté dont il donna plus tard des preuves si éclatantes, quand eut sonné pour lui l'heure de la persécution. Cet événement capital de la vie du saint prêtre mérite d'être traité à part.

III. — La persécution janséniste.

Refus de sacrements. — Question de préséance. — Délation et enquête. — Chez M. de Caussade. — Exilé volontaire à Montmartre. — Banni et brûlé en effigie.

Comme son divin Maître et modèle, M. Desnoyers eut l'honneur d'être traduit devant les tribunaux et condamné pour la cause de la religion. Voici les faits :

Dans les derniers jours de mars 1768, un octogénaire nommé Claude-Gervais Monglast, jadis charpentier, tomba gravement malade. M. Desnoyers vint le visiter, bien qu'il le sût fortement attaché à l'hérésie janséniste.

Or, tout le monde sait que jamais secte ne vit éclore plus d'opiniâtres opposants. Par deux fois il se présenta et mit en œuvre toutes les ressources de son zèle pour amener le malade à une rétractation. Ses efforts échouèrent impuissants devant une ignorance doublée de préventions aveugles et d'entêtement sénile. Sans se rebuter, il fit une troisième et suprême tentative en vue d'obtenir du vieillard un acte d'obéissance aux prescriptions de l'Eglise, et d'éviter le scandale d'un refus de sacrements pour cause d'indignité notoire. N'obtenant rien, il se vit dans la nécessité de lui refuser les derniers sacrements, sans qu'il soupçonnât, hélas! la présence de témoins cachés perfidement derrière les rideaux du lit du moribond. Le lendemain, cet homme mourut. Attendu que le refus de soumission n'avait pas été public et que d'ailleurs la sépulture ecclésiastique est une affaire de discipline intéressant beaucoup moins la conscience que le fait d'accorder les sacrements à un indigne, M. Desnoyers procéda en personne à l'inhumation.

Il semble que cette condescendance éminemment sage eût dû mettre fin à l'affaire. Il n'en fut rien. La malignité des sectaires affecta de lui donner une importance énorme. A une époque où, de par le Roi, ou mieux de par le Parlement, on violentait les consciences en forçant *manu militari* les prêtres catholiques à conférer les sacrements aux hérétiques, le refus de M. Desnoyers divulgué par la criminelle indiscrétion des témoins, servit de base à d'inqualifiables poursuites. L'affaire s'instruisit d'abord en secret et lentement. M. Desnoyers n'ignorait pas les menées des Jansénistes; mais tant que l'orage ne fut pas près d'éclater, il crut pouvoir rester dans la ville. Plusieurs mois se passèrent dans un calme relatif. On touchait à la fête très solennelle de l'Assomption.

Ce jour-là, le Bailliage, le Corps de ville et Messieurs de l'Election assistaient à la messe dans le chœur, en exécution du vœu de Louis XIII. Lorsqu'il fut question d'aller à l'offrande, le Corps municipal qui, en vertu d'un droit sanctionné par la coutume, devait marcher à la suite du Bailliage, fut devancé par Messieurs de l'Election. Blessé dans sa dignité, il ne suivit pas et reprit sa place au chœur. Comme la distribution du pain bénit pouvait susciter un nouveau conflit de préséances, M. Desnoyers donna l'ordre de distribuer le pain simultanément des deux côtés. La mesure déplut sans doute à plusieurs. Quoi qu'il en soit, très peu de jours après, M. Desnoyers fut dénoncé directement au Bailliage de Meaux.

Quand il vit l'affaire prendre cette allure inquiétante, il pressentit le coup qui le menaçait. Il savait avec quel implacable acharnement cette petite magistrature de province saturée de jansénisme poursuivait les prêtres fidèles à leur devoir. Pour prévenir une persécution ouverte, il prit le parti de se dérober aux recherches, et, comme on n'en voulait qu'à lui seul, il crut pouvoir s'éloigner, laissant à la Providence le soin des événements. Certain de l'approbation au moins tacite de ses supérieurs ecclésiastiques, il fit en secret secret prératifs et, peu de jours après l'Assomption, il quitta Coulommiers, non sans douleur. A Meaux, M. de Caussade l'attendait pour lui tracer une ligne de conduite.

Pour ne point faire soupçonner son départ, il avait pris je ne sais quel déguisement et cheminait à pied sur la route de Meaux, quand, déjà loin, il rencontra un mendiant mal vêtu, qui lui demanda l'aumône. C'était pour lui un principe de ne jamais refuser. Dans le cas présent, il était sans argent. Pour faire un sacrifice d'autant plus méritoire qu'il lui coûtait davantage, le saint prêtre offrit à ce malheureux d'échanger leur vêtement, et c'est sous la livrée de mendiant qu'il vint heurter aux portes du palais épiscopal.

Il se faisait tard et déjà tout était fermé. Toutefois un valet de chambre vient ouvrir. Le voyageur travesti demande à parler à Monseigneur et désire avoir tout de suite une audience. Ne sachant pas à qui il a affaire, le valet répond que Monseigneur ne peut le recevoir. — « Pourtant, reprend l'inconnu, il est nuit, je n'ai pas d'argent; il faut absolument que je couche ici. N'avez-vous pas de place pour moi? — Qu'à cela ne tienne! dit le serviteur. Il y a de la place dans l'écurie; vous pourrez y passer la nuit. » Le prétendu mendiant accepte avec reconnaissance l'étrange hospitalité qu'on lui offre et repose tranquillement, étendu sur la paille, jusqu'au lendemain.

D'assez bonne heure, M. de Caussade mande son valet de chambre et s'informe près de lui si l'on n'a pas encore vu le curé de Coulommiers, qu'il attend. — « Monseigneur nous n'avons vu personne. Seulement, hier, un malheureux est venu demander à parler à Votre Grandeur. Je n'ai pas cru devoir l'introduire : il était nuit, cet homme était mal habillé et sans le sou. Il a réclamé un gîte : je lui ai offert une place à l'écurie. C'était sans doute tout ce qu'il voulait, car il a paru content et ne s'est plus inquiété de parler à Votre Grandeur. »

M. de Caussade, qui connaissait le curé de Coulommiers, devine que ce doit être là un de ses actes d'humilité si familiers au vertueux prêtre. Au bout de quelques minutes, il en est sûr : « Quoi! c'est vous, monsieur le curé, vous, sous cet habit de mendiant! Que je suis fâché de la méprise dont vous avez été victime! Vous avez été bien trop puni de votre silence. — Monseigneur, répond M. Desnoyers, je puis vous assurer que j'ai fort bien dormi. N'étais-je pas aussi bien partagé que Notre-Seigneur dans son étable de Bethléem? N'avais-je pas ici où reposer ma tête? » Et le prélat, fort ému, lui fait donner aussitôt des vêtements convenables.

Il ne le retint que le temps nécessaire pour lui donner ses instructions. La prudence exigeait que M. Desnoyers séjournât le moins possible à Meaux, car c'est au Bailliage même de cette ville que l'affaire s'instruisait. Il partit donc sous la garde de Dieu et de son innocence.

De Meaux il se rendit à Montmartre, où il vécut tellement caché qu'on ne put jamais le découvrir pendant les trois années qu'il y passa. Les regrets de ses paroissiens l'y suivirent, car il ne faudrait pas croire que les menées dirigées contre lui fussent le fait d'un grand nombre. Les plaintes d'une poignée de mécontents avaient suffi pour le compromettre auprès des affidés du Parlement parisien, toujours occupés de querelles jansénistes, toujours avides de condamnations comme d'abus contre le clergé. De plusieurs délibérations prises par les notables de la ville, il résulte que le départ de M. Desnoyers les avait vivement affectés. Pour enrayer les poursuites, ils firent démarche sur démarche, insistant sur le peu de gravité, des faits et sur la violente émotion causée dans toute la ville par l'intervention des gens de justice dans une affaire de conscience.

Dans une première assemblée, tenue à l'Hôtel de Ville le 1er septembre 1768, et présidée par M. Jean Huvier, avocat au Parlement et bailli de Coulommiers, les délibérants signent une requête qu'ils adressent au président du Bailliage de Meaux, au procureur général et à l'évêque de Meaux, les suppliant instamment de rendre à leur ville un pasteur dont la conduite et l'exemple ont jusqu'ici « servi de modèle d'obéissance et de soumission aux ordres du Souverain et des magistrats (1) ».

On pourrait croire que cette délibération eût dû tout arrêter. Elle n'eut aucun résultat. M. de Caussade répondit aux notables de la ville en les assurant qu'il userait de tout son crédit pour faire suspendre le cours des poursuites. Mais son intervention fut vaine, aussi bien que d'autres démarches visant au même but.

Instruite au Bailliage de Meaux, l'affaire fut, par voie de procédure, portée au Parlement de Paris, où M. Desnoyers, toujours absent et introuvable, fut condamné par contumace au bannissement perpétuel du royaume et, de plus, à être pendu en effigie. On voit que ces justiciers n'y allaient pas de main morte.

(1) Du 1er septembre 1768 :

La présente convocation n'a d'autre but que d'aviser aux moyens que l'Assemblée estime convenables pour marquer la consternation dans laquelle se trouvent les habitants de cette ville à l'occasion des poursuites qui s'exercent contre M. Desnoyers, curé de cette paroisse, à raison de refus de sacrements qni lui auroit été imputé et qu'on a dénoncé, il y a quelques jours, avoir été fait au nommé Monglast, charpentier, décédé en cette ville, comme aussi à délibérer sur les démarches qui seront estimées nécessaires et devoir être faites, tant auprès de Mgr l'Evêque de Meaux, qu'auprès de nos Seigneurs de la Cour du Parlement, pour leur donner des témoignages non suspects de la conduite et des mœurs de mondit sieur Desnoyers, et solliciter, en tous événements, en sa faveur la protection de nos dits Seigneurs.

Sur quoi, la proposition mise en délibération, il a été unanimement arrêté que le fait dont il s'agit étant judiciairement instruit au Bailliage de Meaux, il y avait tout lieu d'espérer de l'intégrité des juges qu'ils reconnoîtront la légèreté de l'imputation et du délit attribué audit sieur Desnoyers; et qu'en tout événement, les délibérants estiment qu'il est de leur devoir, en rendant hommage à la vérité, de supplier nos dits Seigneurs de considérer que ledit sieur Desnoyers qui est curé de cette paroisse depuis cinq ans, et qui en avoit été précédemment vicaire pen-

La sentence fut exécutée sur la place du marché de Coulommiers, par le maître des hautes œuvres. Mais ce fut au milieu de la tristesse publique et du mécontentement général. Bien des personnes ne purent contenir leur indignation. Plus de cinquante à la fois se précipitèrent sur l'image ou mannequin figurant M. Desnoyers, pour l'arracher à l'ignominie de la pendaison. Devant ces manifestations de la colère publique, il ne restait aux ennemis du bon curé que la honte d'avoir fait le mal et le dépit de ne pouvoir s'en réjouir.

IV. — L'exil et le retour.

Deux successeurs de M. Desnoyers. — Nouvelle supplique des notables. — Réponse de M. de Caussade. — Retour triomphal et réintégration dans la cure de Coulommiers.

La sentence portée contre M. Desnoyers le séparait pour toujours de sa paroisse. On fut donc obligé de lui nommer un successeur, ou plus exactement, de confier la cure à un administrateur, un desservant. L'évêque désigna M. Jérôme François de Pompéry, prêtre du diocèse de

dant le laps de dix années, s'est toujours comporté dans ses fonctions avec un zèle éclairé, des mœurs irréprochables et édifiantes, et une charité peu commune. Que, par la modération de sa conduite et de ses actions, il n'a jamais donné lieu à l'ombre la plus légère de la critique, et que le fait dont il s'agit a été si peu envisagé comme un refus de sacrements que l'événement du décès de Monglast, arrivé le deuxième ou le troisième jour de sa maladie, n'a occasionné dans cette ville, depuis six mois, d'autres sensations que celles qu'y ont produites les poursuites faites au Bailliage depuis huit ou dix jours.

Les délibérants ont enfin arrêté qu'expéditions des présentes seroient faites et adressées à la diligence du maire de cette ville, tant à Mgr le Président, Mgr le Procureur général, qu'à Mgr l'Evêque de Meaux, que les délibérants supplient instamment de prendre en considération le présent exposé, et de rendre à leur ville un pasteur dont la conduite et l'exemple ont jusqu'à présent servi de modèle à l'obéissance et à la soumission dues aux ordres du Souverain et des Magistrats.

Ont signé : Aubert de Fleigny, Bourjat, Leroy du Puis, Perrin, Lecœur, François Prévost, Buisson, Desécoutes, Chapelle, Picard, Bourjot prêtre, Thomé, Brézillon, Fasquel, Huvier, Bernard, Piat, commis greffier.

Soissons, et le fit installer au mois d'octobre de cette année 1768.

M. de Pompéry ayant été, l'année suivante, nommé chanoine de la cathédrale, fut remplacé au mois de juillet, par M. Jean-Baptiste Dhuicque, qui depuis environ six ans exerçait les fonctions de vicaire. C'était toujours l'esprit de M. Desnoyers qui dirigeait ses coopérateurs. Formés à son école, ils avaient à cœur de continuer ses traditions de zèle infatigable et de rigoureuse orthodoxie. D'un caractère heureux et plein de franchise, d'une conscience délicate et un peu timorée, M. Dhuicque charmait par la dignité de son maintien dans les cérémonies religieuses. Cependant on regrettait toujours vivement le vrai pasteur, « ce bon M. Desnoyers », comme on le nommait, et les longs mois d'absence ne les faisaient pas oublier : son souvenir restait bien vivant dans toutes les âmes.

Les fidèles de Coulommiers n'avaient pas oublié le généreux désintéressement et l'espèce de prodigalité avec laquelle M. Desnoyers avait dépensé en bonnes œuvres son avoir personnel et les revenus de sa cure. Qu'il fût parti sans argent et sans ressources, tout le monde le savait. Aussi des personnes honorables s'occupèrent-elles de lui fournir ce que réclamait son complet dénuement. On cite en particulier un M. Duchesne, marchand de soieries à Paris, d'une famille dont il existe encore des membres à Coulommiers. Une quête organisée à l'insu du bon curé produisit une somme de trois mille livres, qui lui fut remise à Paris et le mit à même de continuer ses charités, tout en subvenant à sa propre indigence.

D'autre part, on avisait aux moyens d'obtenir son retour. Dans une seconde assemblée des notables, tenu le 8 mars 1770, on décide « que pour continuer à donner des preuves d'inviolable attachement des habitants de cette ville à M. Desnoyers, et dans la vue de ne laisser échapper aucune occasion favorable de le rappeler au sein de sa cure, les dits habitants supplient de nouveau Mgr l'Evêque de Meaux d'employer son crédit soit auprès de Sa Majesté, soit auprès de Nos Seigneurs du clergé assemblés, à l'effet d'exposer les éminentes qualités dudit sieur Desnoyers et de solliciter le retour de ce pasteur chéri de tous ses paroissiens; — et que pour d'autant plus assurer à mondit Seigneur l'Evêque de Meaux que tel est le vœu unanime des habitants de cette ville, il lui sera adressé expédition de l'acte de la première assemblée. »

Et ont signé : « Leroy du Puis, Prévost, François, Lecœur, Bourjot, J.-P. Bourjot prêtre, Bernard, Margouillier, Devert, Picard, Rousseau, Huvier, Buisson, Chapelle, Thierry, Duplessis, Fasquel, Piat, commis greffier. »

A cette supplique nouvelle, M. de Caussade répond, de Paris :

« Je ne suis point surpris, Messieurs, des démarches que vous faites au sujet du sieur Desnoyers, votre curé, ni du témoignage avantageux que vous rendez de cet ecclésiastique. La bonne conduite qu'il a tenue parmi vous et la charité dont il a donné des preuves constantes sont des motifs suffisants pour justifier les démarches que vous faites et les preuves d'attachement que vous lui donnez : ces mêmes motifs suffisent pour m'engager à lui rendre dans la circonstance présente tous les services qui dépendront de moi. Je vous ai fait part à cet égard de ma bonne volonté; je m'empresse aujourd'hui de vous en renouveler les assurances, ainsi que celles des sentiments de considération avec lesquels j'ai l'honneur d'être, Messieurs, votre très humble et très obéissant serviteur.

« J.-L., *évêque de Meaux.* »

Ce fut, sans aucun doute, aux instances réitérées de M. de Caussade qu'on dut la révocation de la peine portée contre M. Desnoyers. Après trois ans d'exil, il lui fut permis de rentrer dans sa cure. Les vœux de son cher troupeau étaient enfin exaucés.

Le jour de son arrivée, mercredi 31 juillet 1771, ayant été connu d'avance, toute la ville se porta à sa rencontre. Une procession s'organisa, dans le même ordre et avec la même solennité qu'au jour de la Fête-Dieu, et s'avança jusqu'à la Belle-Croix, sur la route de Paris. La foule était immense : aux habitants s'étaient joints les gens venus au marché ou accourus des villages voisins. Aussitôt que la voiture qui ramenait le saint prêtre fut arrivée, il en descendit et fut ramené triomphalement au milieu de cette multitude, dont la joie expansive se concilia néanmoins parfaitement avec le caractère religieux de la cérémonie. A son entrée dans la ville, vers midi, la voix des cloches répondit aux acclamations du peuple : vraie fête de famille rehaussée par tout l'enthousiasme d'un triomphe.

Le lendemain, premier jeudi du mois, on célébra, suivant l'usage, l'office du Saint Sacrement dans l'église paroissiale ornée comme aux jours de fête. Les fidèles y vinrent plus nombreux que jamais. Le soir, avant la bénédiction, sans que M. Desnoyers en fût prévenu, un des assistants prêtres entonna le *Te Deum* d'actions de grâces, qui fut chanté avec un indicible entrain par la foule émue et reconnaissante. Au pied de l'autel, l'humble pasteur restait confondu de tant d'attachement et versait d'abondantes larmes. Moment précieux qui, sans entamer sa grande modestie, dut le dédommager des avanies imméritées qu'il venait de subir.

Dès ce moment, M. Dhuicque cessa d'administrer la cure de Coulommiers. Nommé aussitôt à celle de Boissy-les-Gombries, canton de Nanteuil-le-Haudoin, alors du diocèse de Meaux, il y mourut en 1780.

V. — Les derniers travaux et la mort.

Œuvres de zèle. — Restauration du Calvaire de Belle-Croix. — La Chapelle de la Sainte Vierge. — Relique et reliquaire de la Croix. — Austérités et dépérissement. — Dernière maladie et mort.

Rendu à son troupeau, M. Desnoyers continua la vie tout apostolique qu'il avait menée auparavant. Ni l'éloignement ni la persécution n'avaient ralenti son zèle et diminué sa charité. Même à l'égard de ses dénonciateurs, son cœur ne recélait ni haine ni amertume. S'il les connut, sûrement il les enveloppa de sa large indulgence. Nous avons déjà dit que, lorsqu'il était obligé de parler de son exil, il avait toujours soin de dire « mon absence », comme s'il eût craint d'inculper qui que ce fût, ou de se ménager l'âpre plaisir qu'on éprouve à raconter ses malheurs.

Le salut de ses frères était le but de tous ses efforts. Rien ne lui coûtait de ce qui pouvait contribuer à leur sanctification et à la gloire de Dieu. Soulager les misères morales au saint tribunal, diriger les âmes pieuses, ramener au bien et à l'honnêteté chrétienne les méchants et les dévoyés, prêcher les adultes et catéchiser les enfants, assister les pauvres, les malades et les mourants, embellir le saint lieu et contribuer à la splendeur du culte, prier enfin et se mortifier, en un mot, tout ce qui a jamais fait les délices des saints prêtres plaisait à sa belle âme. Signalons ici quelques œuvres d'ordre purement matériel.

Deux ans après son retour, le Calvaire de Belle-Croix fut restauré. Le tracé de la nouvelle route de Paris à Vitry-le-François avait nécessité des travaux compromettants pour ce monument. D'ailleurs, l'ancienne croix, bénite par l'évêque de Gap (1) cinquante ans auparavant, menaçait ruine. Une reconstruction totale s'imposait. Pour accéder au nouveau Calvaire, l'architecte dressa deux beaux escaliers en fer à cheval. A la solennelle bénédiction qu'on en fit, le 1er août 1773, assistaient, outre le clergé paroissial, le clergé de Sainte-Foy, les RR. PP. Capucins et les différents ordres de la ville. La dépense, qui fut assez importante, fut couverte par des offrandes volontaires et une contribution de trois cents livres accordée par la fabrique, sur la proposition du pieux curé.

En 1775, autre travail plus considérable. Sur l'emplacement de l'ancienne sacristie, à droite de l'autel, M. Desnoyers fit construire la chapelle actuelle de la Sainte Vierge, aux frais de la fabrique. La sacristie fut transférée alors dans l'ancienne chapelle de saint Louis ou des Juges.

Vers ce temps, M. Desnoyers devint possesseur d'une parcelle du bois de la vraie Croix. Pour honorer dignement cette précieuse relique, il acquit de ses propres deniers et du produit des quêtes qu'il fit à cette fin pendant cinq ans une croix-reliquaire en vermeil, d'une valeur de 1.304 livres : dépense énorme, à laquelle il fit adroitement contribuer même les personnes étrangères à sa

(1) Charles-Bénigne Hervé se démit de son évêché pour se livrer à l'œuvre des Missions. Il en donna plusieurs dans le diocèse de Meaux.

paroisse. La première exposition eut lieu le Jeudi-Saint, 23 mars 1780 (1).

M. Desnoyers avait alors cinquante-six ans. On pouvait espérer que sa laborieuse et sainte existence se prolongerait longtemps encore, pour le plus grand bien des âmes. Mais lui, plus soucieux de bien vivre que de vivre longtemps, se livrait avec moins de modération que jamais aux fatigues du ministère paroissial et s'inquiétait assez peu de soutenir ses forces épuisées. Entraîné par une ferveur croissante, il s'était mis à pratiquer la plupart des austérités connues dans les cloîtres : discipline, collier et ceinture de fer à mailles piquantes, bracelets de crin, etc. Quand arriva le carême de 1782, il se livra à toutes les rigueurs de la pénitence, avec une obstination tranquille que personne ne songeait à modérer. Son domestique de confiance raconta lui-même à M. Sassinot comment il passa la sainte quarantaine. Il s'astreignait à un seul repas, sans user de la collation permise aux jours de jeûne. A l'heure convenable, il quittait sa chambre et venait faire la prière du soir avec ses domestiques — une vieille femme et un jeune homme de bonnes mœurs. Celui-ci, en voyant l'extrême abstinence que s'imposait son maître, disait ingénument : « Ah ! voilà son reste ! ». En effet, il tomba graduellement dans une sorte de prostration habituelle qui affligeait ses amis. Pendant l'office, au beau milieu d'une oraison ou d'un capitule, il balbutiait et s'endormait debout. La privation volontaire de sommeil et d'aliments explique, sans l'excuser totalement, cette sorte d'anémie cérébrale, qu'il n'avait certainement point prévue.

Malgré l'épuisement général de ses forces, il voulut aller à Meaux pour les exercices de la retraite ecclésiastique qui, cette année, se firent après les fêtes de Pâques.

(1) Dans le pillage sacrilège et légal des églises, en 1792, on s'empara de cette croix ainsi que de tous les autres objets en or et en argent servant au culte. En présence et sous les yeux des préposés du Comité révolutionnaire, le sacristain, nommé Delamarre, eut l'adresse de soustraire le bois de la vraie Croix avec les authentiques. Plus tard, à la réouverture des églises, l'inestimable relique fut rendue à la vénération des fidèles et enfermée dans une croix de bois doré, que M. Clozier, vicaire de Coulommiers, avait fait faire sur le modèle de la première, des deniers de Mlle Houiller.

« Je l'y visitai, écrit l'abbé Sassinot. Il s'était trouvé, les premiers jours, dans un état de souffrance qu'il m'avoua. Aussi me pria-t-il de lui chercher une voiture pour le retour : venu à pied, il craignait de ne pouvoir s'en retourner de même. Je le revis le lendemain et il me dit : « Mon cher abbé, par la grâce de Dieu, je vais mieux et je m'en irai à pied (1).

A un âge où tant d'autres jouissent encore d'une santé florissante, M. Desnoyers avait toute la faiblesse d'un vieillard. Et de cet affaissement prématuré, il avait pris son parti, bien qu'il dût parfois lui en coûter de se sentir au-dessous de sa tâche. Un accident, peu dangereux pour une constitution solide, précipita la crise finale. Il paraît que, revenant de Montanglaust, où il venait d'administrer les sacrements à un malade, il fut frappé d'une insolation. Le 22 juin, se sentant totalement épuisé, il comprit que la fin approchait. Il demanda les derniers sacrements, qu'il reçut avec une grande piété. Et ce fut comme une inspiration du ciel; car, aussitôt après, il entra dans une agonie qui dura plus de vingt-quatre heures, agonie sans douleur évidemment, car il avait perdu le sentiment et la connaissance. Le 25 juin 1782, à midi, commença le sommeil définitif et suprême : M. Desnoyers paraissait devant Dieu,

VI. — Les honneurs posthumes.

Deuil universel. — Souscription publique pour l'érection d'un monument. — Hommages privés avant la Révolution et depuis. — « Reliques » et « souvenirs » de M. Desnoyers. — Deux exhumations.

La nouvelle de la mort du bien-aimé pasteur plongea la ville dans la consternation. Le deuil fut général; les pauvres surtout pleurèrent leur bienfaiteur si généreux, si bon. Pendant plusieurs jours, il resta exposé dans sa

(1) L'abbé Sassinot ajoute : « Comme, par suite de la bonne amitié dont il m'honorait, il usait quelquefois à mon égard de ces termes : « Mon cher abbé », il m'en fit un jour des excuses avec humilité, m'assurant que c'était par amitié et non par un manque de considération qu'il m'appelait ainsi.

demeure, où défila une procession non interrompue de personnes pénétrées de respect pour le cher défunt et de confiance en son pouvoir d'intercession auprès de Dieu. Sur les funérailles elles-mêmes, qui durent être fort belles et touchantes, les mémoires que nous avons consultés sont muets (1).

Mais presqu'aussitôt après la cérémonie, ses nombreux amis et admirateurs exprimèrent le désir de lui voir ériger un monument, sur le lieu même de sa sépulture. Dans une assemblée des notables tenue au mois de juillet 1782, il fut dit : « Que le vœu unanime étoit d'ériger un monument funèbre à la mémoire de M. Desnoyers, et, le revenu de la fabrique se trouvant trop faible pour [couvrir] cette dépense, les habitants seroient priés d'y concourir par des dons volontaires ». La fabrique fournit une somme de 150 livres et le marguillier en charge fut autorisé à placer une boîte spéciale dans l'église, pour recevoir les offrandes des fidèles. On en mit une autre là où devaient être déposés les projets d'épitaphes composées pour le monument par les spécialistes.

Lorsqu'on eut réuni les fonds nécessaires et fixé le choix de l'épitaphe, on prit les mesures pour presser l'exécution du monument. Nous en trouvons la description dans la lettre suivante adresseé : « A l'auteur de l'Almanach de Meaux [1783] :

(1) Voici l'extrait du registre de l'état civil de la commune de Coulommiers pour l'année 1782 :

Le vingt-six juin mil sept cent quatre-vingt-deux, messire Guillaume Rihoüey-Desnoyers, maître ès-arts de la Faculté de Paris, prêtre, curé de cette paroisse, décédé d'hier, âgé de cinquante-huit ans moins quelques jours, a été inhumé dans le cimetière de cette paroisse par moi Mᵉ Jean-Pierre Le Bas, prêtre chapelain de cette église, en présence de Guillaume-François Rihoüey-Desnoyers, ancien premier commis des Finances, son cousin paternel, demeurant à Paris, rue Saint-Honoré, paroisse de Saint-Roch, de messire Jean Huvier du Mée, écuyer-secrétaire du Roy et Bailli de cette ville, de Nicolas-Valentin Barbier, négociant et marguillier en charge de cette paroisse et autres curés et prêtres soussignés.

Ont signé au registre :

Rihoüey-Desnoyers, parent du curé ; Jeannel, curé de Saints ; Cretté, curé de Pommeuse ; Hochet, curé de Chaufery ; Lefranc, curé de Beautheil ; Berthereau, Bernardel, vicaires ; Morel, chapelain, et Le Bas, chapelain.

« Monsieur,

« Les habitants de Coulommiers, justement affectés de la mort de M. Desnoyers, qui les a gouvernés en paix pendant l'espace de vingt ans, et désirant perpétuer la mémoire de leurs sentiments pour ce vénérable pasteur, ont, par contribution volontaire, fait exécuter à Paris, par un artiste habile, un monument dont je vais vous donner la description.

« C'est une pyramide de forme triangulaire, de la hauteur de six pieds huit pouces, posée sur une base de même forme, haute et large de deux pieds et demi. Une croix d'un pied de haut, supportée par un globe de huit pouces de diamètre, surmonte cet obélisque, sur une des faces duquel est gravée l'inscription suivante :

EPITAPHE (1).

D. O. M.
Hic positum est corpus
D. D. Guielmi Rihoüey des Noyers, Columeriensis Ecclesiæ
Parochi :
Quo nullus unquam pietate, virtute, humilitate
Præstantior.
Simplex et rectus, fidem, spem, charitatem a teneris
Ardenter coluit;
Christum et Crucem indefesso labore, palàm et ubique,
Confessus et secutus est.
Vigiliis, jejuniis, sollicitudinibus, macerationibus
Et cunctis christiani militis crucialibus tandem
Victus et prostratus,
Postquam per annos viginti et amplius apostolatum compleverit,
Præmaturè optatam diù mortem attigit
Anno Domini 1782, mensis junii 25,
Ætatis 58.
Lugent pauperes, viduæ, orphani, mæret urbs tota.
Hoc pietatis monumentum posuere
Parochiani,
Curante verò necnon scribente N. V. B. matriculario (2).

(1) TRADUCTION. — Ici, est déposé le corps de GUILLAUME DESNOYERS, curé de l'église de Coulommiers. Personne ne l'a égalé, en piété, vertu et humilité. Simple et droit, il a cultivé avec ardeur, dès ses tendres années, la foi, l'espérance, la charité. Il a confessé et suivi, par un labeur infatigable, le Christ et sa Croix, en public et partout. Enfin vaincu et terrassé par les veilles, les jeûnes, les soucis, les macérations, les souffrances, d'un soldat du Christ, après avoir accompli son apostolat pendant plus de vingt ans, il rencontra prématurément la mort qu'il désirait depuis longtemps l'an du Seigneur 1782, le 25 du mois de juin, de son âge, la 58e année. Il est pleuré des pauvres, des veuves, des orphelins, de toute la ville. Les paroissiens lui ont élevé ce monument de leur piété, par les soins et sous la signature de Nicolas Valentin Barbier, marguillier.

(2) Nicolas-Valentin Barbier, marchand tanneur, marguillier en charge depuis la Saint-Martin 1776 jusqu'a pareil jour 1782.

« Ce monument, de la hauteur d'onze pieds, est exécuté en marbre noir et blanc et va être placé sur la tombe même du vénérable pasteur qui en est l'objet. Comme on ne peut donner trop de publicité aux hommages qu'on rend à la vertu, dans un siècle où elle est si souvent en butte aux railleries et aux insultes des libertins et des incrédules, je vous prie d'insérer cette lettre si vous l'en jugez digne, dans l'Almanach du diocèse.

« Vous obligerez, etc. »

Dix ans plus tard, le pic et le marteau des démolisseurs rasaient le *pietatis monumentum*, sans arracher un cri de protestation à cette population terrorisée.

Mais aussitôt que la tempête fut passée, une simple croix de bois remplaça la trop fameuse pyramide et servit de point de ralliement aux pieux admirateurs, aux fidèles amis du bon pasteur. Tous les jours on en voyait agenouillés, en prière, aux abords de sa tombe, et beaucoup venaient de loin. Les étrangers pouvaient bien se demander ce que signifiaient ces rubans de toutes couleurs noués aux bras de la croix; le premier paysan venu leur eut dit que c'étaient des « vœux », c'est-à-dire des ex-voto symbolisant les infirmités diverses qui, selon le mot vulgaire, « nouent » les organes ou les membres, infirmités que ce « bon M. Desnoyers » aurait reçu le privilège de guérir.

Très tôt après sa mort, le saint prêtre fut invoqué en faveur des personnes percluses et des enfants arrêtés dans leur développement ou tardifs à marcher. Au dire des ecclésiastiques dont j'utilise les notes, il serait téméraire de nier qu'il se soit produit sur cette tombe des guérisons extraordinaires, que les bénéficiaires ont pu légitimement attribuer à l'intercession de M. Desnoyers (1).

Des enfants y ont recouvré la santé.

44. — JEAN-PIERRE LEBAS (1782-1793).

Natif de Meaux, fut nommé à la cure de Coulommiers, le 29 juillet 1782. Il avait été vicaire de M. Desnoyers depuis le 11 août 1769.

(1) On peut toutefois regretter un certain manque de précision dans la plupart des faits signalés et la rareté des noms propres et des dates.

Condamné à mort par le Tribunal révolutionnaire, il périt sur l'échafaud à Paris, le 30 novembre 1793.

Le laconisme de cette note tragique a de quoi étonner nos lecteurs. Grâce aux renseignements que nous avons trouvés dans le manuscrit Clozier, relatifs à l'époque révolutionnaire, nous allons pouvoir lui donner des développements d'un vif intérêt.

Pierre Lebas était curé de Coulommiers depuis 8 ans. Il en avait été vicaire pendant 13 ans. En cette qualité, il avait présidé aux obsèques du vénérable Desnoyers son curé, dont il rédigea l'acte d'inhumation. En même temps que vicaire, il était titulaire d'une des quatre chapelles fondées et desservies au maître-autel de la paroisse de St-Denis, paroisse dont depuis plus de vingt ans, il avait conquis toute l'estime.

Nous allons assister à un duel à mort entre ce pasteur courageux et le chef de la municipalité de Coulommiers qui a laissé dans l'histoire ce nom exécrable : Le Roy de Montflobert.

Au début de la Révolution, Pierre Lebas, illusionné comme bien d'autres, avait prêté serment à la Constitution. Il ne fut pas longtemps à s'apercevoir, comme bien d'autres, que la sincérité était seule de son côté, et non du côté des pouvoirs publics.

Un curieux incident déclancha la rupture : de concert avec un citoyen de Coulommiers, qui voulait fonder un prix de douze francs par an, pour les enfants des deux sexes, qui le même jour qu'ils auraient fait leur première Communion, prêteraient le serment civique dans l'église de Sainte-Foy, lieu où se tenait la tribune patriotique, le Maire, Leroy s'empressa de se rallier à cette idée grotesque, et de la faire sienne. D'après cette fondation, les dits enfants devaient concourir du 1er au 6 juillet, et le dit prix être publié le 14, jour anniversaire de la liberté française, à celui ou à celle qui, pour cette année, aurait récité sans faute et par cœur, la Déclaration des Droits de l'homme en présence du Conseil général, et des citoyens que cet acte de civisme intéresserait, remettant à la décision du Conseil général, les distinctions honorables qui seraient accordées le 14 juillet, à celui ou à celle qui aura gagné le prix, ainsi que les *accessits* qui seront accordés à ceux et à celles qui en auront le plus approché.

M. le Maire ayant fait part de ces dispositions au Bureau de la municipalité, il fut arrêté que lorsque les enfants de la première communion seraient entrés dans l'église de Sainte-Foi, M. le Maire monterait dans la tribune, inviterait par un discours convenable aux circonstances, les enfants à prêter le serment civique, que M. le Maire écrirait au curé de cette ville, pour l'informer du serment civique seulement, et le prier avant de sortir de l'église, de faire ranger ses enfants devant la tribune.

M. le Curé n'accepta pas cette invitation. Il fit connaître son refus en termes très courtois et très conciliants, quoique plus ou moins plausibles. Parmi les motifs qu'il invoquait, il en est un qui lui paraissait péremptoire, c'est que « *certains parents pourraient bien désapprouver ce serment jusqu'alors inconnu*. »

Le Bureau municipal et le Maire en tête ne tinrent aucun compte de cette lettre. Ils se rendirent en corps, à Sainte-Foy.

M. le Curé, néanmoins y conduisit aussi ses enfants de la première communion. Le Maire monta alors à la tribune, après avoir fait fermer les portes de la dite église, pour être, paraît-il, mieux entendu ; comme il est de coutume, et ayant vu que M. le Curé se disposait à sortir, il le requit de faire ranger ses enfants autour de la dite tribune, mais M. le Curé n'en tint aucun compte ; malgré les ordres du Maire, il fit ouvrir les portes de l'église, fit passer devant lui ses enfants, et se retira.

Le discours que devait prononcer Le Roy de Montflobert et qui fut inséré au procès-verbal de cette orageuse séance, ne manquait pas d'habileté. Imprégné du faux mysticisme de cette époque, qui avait pour but de substituer la nation à la religion, il se terminait ainsi :

> Dites avec moi, mes chers enfants
> Celui qui craint la mort, n'est pas né pour être libre
> Pour être citoyen, je vivrai libre
> Pour être heureux, j'obéirai aux lois.
> Levez la main droite, mes chers enfants et dites :
> Nous jurons d'être fidèles à la Nation, à la Loi,
> Au Roi. Je le jure.

Devant de pareilles maximes, aussi ridicules que vides

de sens, le Curé de Coulommiers devait raisonnablement se demander, si le serment qu'il avait « prêté *de veiller avec soin sur les fidèles confiés à ses soins* » pouvait l'obliger d'imposer à des enfants de douze ans qui viennent de faire leur première communion et à leurs parents, une telle palinodie. Ce sentiment intime de sa dignité et de son devoir de prêtre, nous explique son attitude si nette et si franche. Le Roy, blessé dans son orgueil, ne lui pardonna pas cet affront. Il saura s'en venger.

Un an après, le 6 mai 1792, M. le Curé vint à Sainte-Foi, accompagné de la garde nationale, sans la participation de la municipalité, ni son autorisation, y chanta la grand'messe ; après laquelle, il fit enlever les reliques de Mme de Sainte-Foi, et sa statue, ainsi que la grille qui l'entourait, et la transporta à l'église paroissiale. Son ennemi juré saura mettre à profit cet acte de courage.

Le 6 mai 1793. les citoyens Dejouy et Le Duc, chantres, déposèrent sur le Bureau de l'Assemblée municipale, un factum dans lequel ils se plaignaient que le matin même, au moment de commencer la messe paroissiale dans l'église, où ils s'étaient rendus en qualité de chantres, plusieurs femmes attroupées, dont ils nommaient quelques-unes, les avaient forcés de se retirer, en disant qu'elles ne souffriraient plus qu'ils chantassent au lutrin. Ces citoyens réclamaient contre l'illégalité de cette expulsion et demandaient justice conformément à la loi. Plusieurs de ces femmes qui étaient à la barre, demandèrent la parole ; elle leur fut accordée par l'assemblée. Elles convinrent d'avoir empêché Dejouy et Le Duc de continuer leurs fonctions, parce que, disaient-elles, les fidèles ne veulent pas d'eux. et qu'ils sont libres d'en changer, si bon leur semble.

Chose curieuse, le Conseil se déclara incompétent, et débouta Dejouy et Le Duc. Celui-ci surtout ne supporta pas cet affront. Il ne fut pas longtemps, à en tirer une basse vengeance contre son curé.

Le 3 octobre 1793, il déposait contre lui, non plus une plainte, mais une dénonciation formelle :

Le citoyen Lebas était, disait-il, un chef de contre-révolution. Il était vraiment le chef des troubles qui avaient eu lieu depuis le mois de mai, alors qu'il s'était refusé d'empêcher les femmes de causer des troubles dans l'église et qu'il s'était constitué président d'une assemblée soi-disant catholique, pour la nomination des nouveaux chantres.

Cependant, les événements se précipitaient. Montflobert était parti à Paris, où il avait été nommé juré au tribunal révolutionnaire.

Cette première dénonciation, faite contre l'abbé Lebas, déjà sous les verrous et transporté à La Ferté-Gaucher, fut suivie, le 19 novembre 1793, d'une dénonciation en règle, devant le tribunal révolutionnaire de Paris.

Voici cet interrogatoire avec les réponses qu'y fit Montflobert :

« Le 29 brumaire, l'an II, le citoyen A.N. Louis Le
« Roy, maire de Coulommiers et juré au tribunal révo-
« lutionnaire, s'étant rendu au Comité révolutionnaire,
« pour faire sa déposition sur les faits étant à sa con-
« naissance relatifs aux particuliers mis en état d'arres-
« tation, nous lui avons demandé quelle avait été la con-
« duite du citoyen Lebas, à l'égard de la municipalité
« depuis l'époque de son établissement, a répondu :

« Qu'il a toujours été lié avec les mêmes personnes que
« l'on a reconnues depuis être des ennemis de la Révo-
« lution, qu'il n'a jamais fréquenté les patriotes, que le
« jour de l'installation de la municipalité il s'en est
« montré l'ennemi, et qu'il n'y a sorte de chicanes et
« de mauvais procédés, qu'elle n'ait éprouvé de sa
« part .. »

Interrogé s'il a connaissance de la translation de Sainte-Foy à la paroisse.

« A répondu que la statue de Sainte-Foy, était dans
« une église appartenant à la commune, que dans tous
« les cas, elle n'aurait pas dû être enlevée sans le con-
« sentement de la municipalité, mais comme cette sainte
« formait autrefois un pélerinage fameux, que l'habitude
« y amène encore le jour de la fête, quelques pèlerins
« qui faisaient dire des oraisons pour de l'argent, il ne
« peut imputer qu'à ce motif, l'enlèvement furtif fait par
« ce curé, qui ameuta ses dévotes, vint avec elles, et
« une portion de la garde nationale, chanta une grand'-

« messe dans cette église, à la suite de laquelle il enleva,
« sans la conduite de la municipalité, la statue et la trans-
« féra à la paroisse... »

Interrogé s'il a connaissance que le curé se soit soumis au mandement de l'évêque, concernant les mariages, d'après la nouvelle loi.

« A répondu : qu'il avait vu une lettre du citoyen « Thomé qui écrivait à la Convention pour l'informer de « la conduite du curé, qu'il a lui-même porté plainte à la « Convention à ce sujet, parce qu'il lui avait été assuré « qu'il refusait l'absolution, aux gens qui ne voulaient « pas faire publier leurs bans à l'église. »

Interrogé, de quelle manière il s'est conduit à la municipalité, depuis qu'il y est admis comme notable.

« A répondu : qu'il a toujours assisté aux assemblées « dans son costume de prêtre, qu'il s'est refusé à voter « une adresse à la Convention, pour la mort du tyran, « qu'il s'est constamment coalisé avec les membres « royalistes, qu'à compter du 28 mars jour de son départ « pour se rendre à son poste, il ne sait plus rien que par « ouï dire, mais que d'après le rapport des différents « patriotes qu'il a vus à Paris, il lui paraît constant que « le citoyen Le Bas a employé tous les moyens, pour « exciter le fanatisme et la contre-révolution et a le dit « citoyen Le Roy. Signé : Le Roy ».

Le simple énoncé de ces griefs suffit à en faire éclater, toute l'inanité. Il nous reste à exposer quelle en fut la sanction, en reproduisant le jugement du tribunal révolutionnaire, séant à Paris au Palais de justice :

« Sur la déclaration du juré de jugement, portant qu'il est constant qu'il a existé depuis le commencement de la Révolution, un complot contre-révolutionnaire, et une correspondance criminelle, tendant à provoquer l'avilissement de la représentation nationale et le rétablissement de la royauté en France.

« Qu'il est constant que Jean-Pierre Lebas ci-devant curé de Coulommiers, est auteur ou complice de ces délits ; qu'il a été trouvé chez le dit Lebas plusieurs tablettes de caractères mystérieux pouvant servir à entretenir des correspondances secrètes, des manuscrits et imprimés contre-révolutionnaires et un registre qu'il a tenu en contravention à la loi, pour constater les actes de naissances, mariages et décès!

« Condamne le dit Jean-Pierre Lebas, *à la peine de mort*, conformément à l'article 11, de la seconde section du titre premier de la seconde partie du Code pénal. En conséquence, Lebas sera pris de corps, arrêté et écroué sur les registres de la maison d'arrêt de la Conciergerie du Palais de Justice à Paris, où ils sont actuellement détenus, pour y rester comme en maison de justice...

« De plus ordonne qu'à la diligence de l'accusateur public, le présent jugement sera, dans les vingt-quatre heures, mis à exécution sur la place de la Révolution de cette ville, imprimé et affiché dans toute l'étendue de la République.

« Fait et prononcé à Paris, le 9e jour du mois de primaire, l'an II de la République française une et indivisible (29 novembre 1793) ».

Le lendemain, 30 novembre, Jean-Pierre Lebas montait à l'échafaud, accompagné de dix-huit de ses paroissiens, l'élite de Coulommiers, avec lesquels il avait soutenu une lutte héroïque, contre celui dont le souvenir est encore aujourd'hui, en exécration, Le Roy de Montflobert.

Dans sa déposition, devant le tribunal révolutionnaire, cet infâme délateur, avait dit, de sa victime : « Le Bas « curé a fait sa déposition et n'a rien à y ajouter, *si ce* « *n'est qu'il est prêtre, dans toute la force du mot...* »

« Prêtre dans toute la force du mot ». Cette parole suprême reste le secret de sa mort, comme celui de sa vie Sur les lèvres du monstre à face humaine qui a terrorisé la paroisse de Coulommiers, elle restera l'éternel et inconscient hommage du crime, à la vertu. Et pour la justification de la justice immanente, s'il en était besoin, ajoutons que par un juste retour des choses d'ici bas, l'auteur de tant de forfaits, qui criaient vengeance au ciel, ne tarda pas à porter, lui aussi, sa tête sur l'échafaud, cette fois. Ce fut justice.

5 octobre 1793. — *Charles-François Lepelletier*, nommé curé constitutionnel de Coulommiers.

Le 5 octobre 1793, à l'assemblée de la municipalité, a comparu le citoyen Charles-François Lepelletier, prêtre, vicaire épiscopal du Département de Seine-et-Marne, demeurant à Meaux lequel fait remettre à l'assemblée une lettre écrite par le citoyen Thuin, évêque du dit département, dont voici la teneur (1) :

« Braves et respectables citoyens, *c'est avec le plus*
« *grand chagrin, que je viens d'apprendre que vous êtes*
« *sans pasteur.*

« Si, dans ce moment, je n'étais pas moi-même, sans
« coopérateur, je me serais empressé de voler à votre
« secours pour vous rendre tous les services qui peu-
« vent dépendre de mon ministère; mais obligé de rester
« à mon poste, je profite de la bonne volonté du respec-
« table citoyen Lepelletier, premier de mes vicaires épis-
« copaux, dont les exercices viennent de finir, pour vous
« prouver l'un et l'autre combien nous désirons vous
« être utiles, l'un et l'autre.

« Je viens de lui donner des pouvoirs de desservant,
« pour exercer les fonctions du saint ministère dans
« votre paroisse, pendant l'absence de votre curé (celui-
« ci venait d'être arrêté par ordre du maire, et conduit,
« à La Ferté-Gaucher)! Je vous prie, respectables citoyens
« de le recevoir comme honoré du sacerdoce de Jésus-
« Christ, comme un père et un ami qui vient employer
« son zèle et ses talents pour contribuer à votre bonheur.

« Je suis bien sûr qu'il vous édifiera par ses discours
« et par ses exemples, qu'il méritera votre estime, votre
« respect, votre confiance et votre amitié. Je souhaite de
« tout mon cœur que vous soyez tous unis par la cha-
« rité, que la paix règne parmi vous, et que vous soyez
« tous parfaitement heureux. C'est dans cette espérance
« que je suis tout à vous, braves et respectables
« citoyens ».

« Votre serviteur, frère, ami et concitoyen,

Pierre Thuin, à Meaux,

ce 1er oct. 1793, l'an II de la R. Fr. une et indivisible. »

(1) Cette lettre étrange laisse transparaître chez Thuin, une basse et hypocrite complaisance pour le Comité révolutionnaire de Coulommiers. Nous pouvons douter de son entière sincérité. Il employa la même formule, qui lui servait de passe-partout, lorsqu'il s'agit de donner un successeur à M. le curé de Saint-Barthélemy qui venait de subir le même sort que M. Lebas.

Ayant exhibé les provisions que lui avait données le citoyen Thuin, il a requis être reçu, pour remplir en cette municipalité, les fonctions de desservant de la cure de Saint-Denys. Après délibération, le citoyen Lepelletier fut reçu et installé desservant, après qu'il eut prêté le serment en tel cas requis, d'être fidèle à la Loi, de soutenir la République une et indivisible, de remplir avec zèle et courage les fonctions de son état et de mourir à son poste; ce dont il lui a été donné acte. Il fut dit que demain annonce serait faite aux citoyens de la nomination et réception ci-dessus avec injonction, au nom de la loi de reconnaître le citoyen Lepelletier, pour desservant de la municipalité.

Nous ignorons si Lepelletier prit réellement possession de son nouveau poste. Les événements n'étaient rien moins que favorables. De jour en jour, il y eut de nouvelles vexations pour le clergé. Lepelletier crut prudent de ne pas venir, ou de se retirer aussitôt. En effet, le 11 décembre 1793, dans une assemblée où l'on proposa de rendre libres tous les cultes, qu'il serait libre aux prêtres de dire la messe, excepté aux prêtres réfractaires et turbulents, Montflobert proposa de rappeler le citoyen Lepelletier qui s'était retiré à Meaux dans sa famille, pour cause de fermeture de l'église, qu'il lui serait écrit qu'elles sont ouvertes. Celui-ci ne revint pas. Et cela, dix jours à peine après l'exécution capitale de M. Lebas. Le misérable ne pouvait pas pousser plus loin le cynisme. Nous avons mentionné cette nomination de Lepelletier, simplement pour l'histoire, et sans lui donner le rang parmi les curés de Coulommiers, rang qu'il n'a mérité à aucun titre légitime.

45. — DUVAL, JEANNEL, NICOTIN ET NORBERT (1795-1802).

Furent, en qualité d'administrateurs, les successeurs des curés de Coulommiers.

M. Hubert Duval fut incarcéré à Bordeaux et déporté au fort du Hâ, en 1793.

Il mourut curé de Pierrelevée (V. S^e R^e 1907, § III, p. 35).

46. — BERNARD VIET (1802-1813).

Fut nommé curé de Coulommiers en 1802.

Avant la Révolution, il était chanoine de Notre-Dame de Paris.

Un nouvel ordre de choses allait commencer. Le Concordat entre le Saint Pontife et Bonaparte, 1er Consul, venait d'être signé. C'était un réveil général des habitudes religieuses de la France, restée, malgré les persécutions, profondément chrétienne.

Les Evêques chargés de réorganiser le culte catholique, étaient désormais les maîtres de choisir, de nommer les ecclésiastiques qui devaient administrer les paroisses. Mgr de Barral, le premier Evêque concordataire, choisit donc M. Bernard Viet, qui avait été avant la Révolution, chanoine de Notre-Dame de Paris. Il ne connaissait guère le Diocèse de Meaux, mais l'Evêque lui donna comme vicaires M. François Clozier, d'une vieille famille de Coulommiers, M. Cruel (1) et M. Petit (2) lui aussi, propriétaire à Coulommiers, qui furent les auxiliaires intelligents et dévoués du nouveau curé. Ils s'appliquèrent, sous sa direction, à réparer les ruines matérielles et religieuses qu'avait accumulées la Révolution. M. Clozier qui avait toujours refusé de prêter le fameux serment, avait dû s'exiler pour échapper aux menaces suspendues sur sa tête.

Rentré dans sa ville natale, il avait retrouvé toutes les sympathies de ses concitoyens, auxquels il consacra son ministère pendant treize années encore. Il ne mourut

(1) M. Cruel Claude-Norbert, né en 1763, vicaire de Coulommiers en 1803, curé de Couilly en 1806, de Guérard en 1814, de Chaumes en 1820, doyen de Villiers-St-Georges en 1828, mourut le 13 août 1832.

(2) M. Petit Nicolas-Alexandre, né à Coulommiers en 1749, curé de Vareddes en 1781, chapelain de l'hospice de Coulommiers après la Révolution, vicaire de Coulommiers en 1803, mort le 6 juin 1826.

qu'en 1815, deux ans après son curé Bernard Viet. Celui-ci avait eu soin, dès le début de son ministère, d'assurer la situation matérielle du clergé paroissial. Il fit une demande à la municipalité, qui lui fit un accueil des plus favorables.

Elle se conforma non seulement à la lettre, mais le plus largement possible, d'après son budget très restreint, à la loi du 18 Germinal, An X, qui prescrivait aux municipalités, de fournir aux curés des paroisses, un logement et un jardin convenables. Elle assura en même temps un supplément de traitement à chacun des deux vicaires.

Toutes ces dispositions étaient, de la part des membres du conseil, une marque non équivoque de profonde sympathie. M. Bernard Viet sut le reconnaître et l'apprécier. Les onze années qu'il lui fut donné de consacrer au ministère pastoral dans la bonne paroisse de Coulommiers furent des plus fécondes. En l'année 1804, une somme de 1.132 francs, montant d'un devis de travaux urgents à exécuter à la tour de l'église, avait été votée par le Conseil et employée à cette destination : « pour éviter, disait la « délibération. les accidents qui pourraient résulter de la « chute fréquente des parties de l'entablement et autres « ornements de cette tour qui se détachent, et pour la con- « servation de la dite tour » (1).

47. — CLAUDE TERRARD DE L'ISLE (1813-1821).

C'était un prêtre du Diocèse de Troyes, ancien chanoine de l'Église Cathédrale de Troyes, curé et doyen de la Ferté-sous-Jouarre. Il fut nommé curé de Coulommiers, le 1er octobre 1813 par Mgr l'Évêque de Meaux. Il prit possession de cette cure le dimanche 7 novembre 1813.

En 1816, on lui donna comme vicaire pour succéder à

(1) En l'an 1805, le Conseil eut à donner son avis, sur la nouvelle fixation des jours où se tenait la Foire de Saint-Denis, à l'occasion du rétablissement du calendrier grégorien. Cette réforme fut acceptée avec un empressement général des populations. La fête patronale et la foire de Saint-Denis, reprirent leurs dates séculaires des 9 et 10 octobre.

M. Clozier, M. Louis-Christophe Cordier qui devait, en 1831, devenir archiprêtre de Coulommiers.

M. Terrard de l'Isle fit donner, en 1821, par trois Lazaristes de Paris, MM. Chossat, Rédon et Poussou, une mission, qui commença le 11 mars et produisit des fruits merveilleux. La clôture fut présidée par Mgr de Cosnac, Évêque de Meaux. Un incident remarquable, survenu au cours de la cérémonie, en a rendu le souvenir ineffaçable. Un Christ très beau, de grandeur plus que naturelle, avait été porté sur une croix monumentale en procession solennelle, à l'entrée de la vieille route de Montanglaust, où elle devait être dressée. La section des pompiers de la ville en grande tenue, casques étincelants en tête, faisait escorte. Au moment de planter la croix en terre, on ne put adapter le Christ à la croix. Les clous ou les ouvertures de la croix étaient trop étroits. Les pompiers durent s'armer de marteaux et d'outils pour fixer le Christ à la croix. La manœuvre fut si laborieuse qu'elle donna à l'immense assistance l'impression émouvante d'un nouveau crucifiement du Divin Sauveur. Ce Christ a été retrouvé par M. Daniel, archiprêtre de Coulommiers, qui le fit ériger dans l'église. On le voit aujourd'hui au-dessus de la porte de la sacristie de la nouvelle église. Il est là, exposé à la vénération des fidèles pour perpétuer la mémoire de ce mémorable événement.

Terrard de l'Isle mourut le 20 mars 1821.

Par son testament, il laissa 4.000 francs au Séminaire de Meaux, 2.000 francs à la fabrique de l'église paroissiale de Saint-Denis, et le reste de la succession pouvant monter à environ 14.000 francs à l'Hospice de la dite Ville de Coulommiers.

48. — JEAN-LOUIS-FRANÇOIS CHARPENTIER (1821-1831).

Fut nommé curé de Coulommiers en 1821. Il était né à Meaux le 10 juin 1756, y fit d'excellentes études. Ordonné prêtre en 1780 par Mgr de Polignac, il fut nommé vicaire de Jouarre. Réfractaire au serment constitutionnel, il émigra pendant la Révolution. Rentré après la tourmente, il fut nommé vicaire à la Cathédrale de Meaux en 1803.

Cependant, Mgr de Barral venait de rétablir comme succursale la paroisse de Saint-Nicolas Sainte-Céline. Elle n'eut pas tout de suite un curé. Les prêtres décimés par les épreuves de la Révolution manquaient, et les Séminaires se rouvraient à peine.

Pendant quatre ans, la paroisse secondaire de Meaux fut desservie par les deux vicaires de la Cathédrale, MM. Debœufles et Charpentier, dont l'activité s'étendait à toute la ville.

En 1802, Mgr de Faudoas désigna pour premier curé de Saint-Nicolas, l'un des deux prêtres qui en avaient assuré le service avec tant de zèle, M. Charpentier. Celui-ci donna une vive impulsion à cette paroisse populaire, où il eut la joie de faire revenir les Frères des Écoles Chrétiennes en 1808.

Peu de temps après son installation, le nouveau curé fut autorisé à porter l'habit de chœur des chanoines, avant même d'en avoir reçu la dignité. Cette faveur à titre coloré fut continuée à ses successeurs, tant que l'Évêque de Meaux ne leur accordait pas des lettres de chanoine honoraire.

Cet usage, en dehors des coutumes canoniques, cessa à la mort de l'excellent M. Bobard, survenue le 8 octobre 1866.

M. Charpentier resta cinq années seulement dans sa paroisse meldoise. En 1811, il fut nommé au doyenné de Nangis, d'où il passa en 1821, à l'archiprêtré de Coulommiers, où il reçut en même temps, ses lettres de chanoine honoraire.

En arrivant à Coulommiers en 1821, M. Charpentier y trouva comme collaborateur, M. L. Christophe Cordier qui devait lui succéder comme archiprêtre en 1831. Mais il ne put apprécier ses services bien longtemps. Car le 1er janvier 1822, l'abbé Cordier fut nommé curé de Vareddes qu'il quitta le 1er octobre de la même année pour venir occuper dans la ville épiscopale, l'importante paroisse de Saint-Nicolas.

Il garda un peu plus longtemps, comme uicaire (de mai 1823 à novembre 1824). M. Simon-Etienne Sassinot, (on nous permettra en faveur de cet excellent prêtre, une courte digression biographique) :

« M. Sassinot, né le 28 octobre 1767, à la ferme du Mée
« paroise de Saints, d'une famille honorable et pieuse.
« Ordonné prêtre en 1771, il fut attaché à l'église St-Denis
« de Coulommiers, d'abord comme chapelain, puis comme
« vicaire de M Desnoyers. Formé à l'école de ce saint
« prêtre, il hérita de ses vertus, pour ainsi dire et de son
« esprit sacerdotal.

« Il passa les années de la Révolution, dans ce pays,
« exerçant en secret, le saint ministère, obligé de vivre
« caché pour échapper à la persécution. Finalement,
« dénoncé à l'attention des révolutionnaires en même
« temps que l'abbé Clozier, il dut s'exiler et ne reparut
« qu'aux approches de la pacification religieuse. C'est
« alors que nous le revoyons de 1823 à 1824, remplir de
« nouveau les fonctions de vicaire de Coulommiers, tout
« en étant curé d'Aulnoy qu'il quitta seulement vers la
« fin de sa vie pour se retirer à Jouarre. C'est là qu'il
« mourut le 11 novembre 1840 à l'âge de 83 ans, pauvre
« aux yeux des hommes, mais riche aux yeux de Dieu (1).

En mars 1825, M. Charpentier dut aller, comme archiprêtre, présider les obsèques de Messire Jean-Etienne Verdon, mort curé de Boissy-le-Châtel le 8 mars 1825. M. Verdon était né à Coulommiers en 1750.

En juillet 1825, il bénit les trois cloches qui remplaçaient les six cloches qu'avait bénites le 11 août 1789, l'infortuné curé Lebas et qui furent descendues pour être fondues en 1793.

La 1re de ces trois cloches, bénites par Messire Charpentier, était sous l'invocation de St-Louis et de Ste-Elisabeth, avait pour parrain : M. Huerne de Pommeuse et pour marraine : Mme Collin de St-Marc; pesait 2.500 livres.

La 2e (Ste-Anne et St-Augustin). Parrain : le Vicomte

(1) Dès le début de son ministère en 1822, M. Charpentier eut la consolation d'être le témoin de la promotion au sacerdoce, d'un enfant de Coulommiers, Noël Charpentier, qui était né dans cette ville en 1797, et qui, après une belle carrière de plus de cinquante-trois ans, consacrée au ministère pastoral, et au salut des âmes, devait mourir archiprêtre de Fontainebleau, le 13 février 1874, âgé de près de 77 ans.

Pinon, juge de paix. Marraine : Mme Huvier ; pesait 2.000 livres.

La 3e (St-François et la Ste-Vierge). Parrain : M. Perrin, maire de Coulommiers. Marraine : Mlle Le Cartier ; pesait 1.600 livres.

Dans le règlement de cette nouvelle sonnerie, minutieusement rédigé par M. Charpentier, à noter cet article touchant :

« Pour le saint Viatique, la moyenne cloche seul sera « tintée vingt-cinq coups, et pour l'Extrême-Onction la « petite sera tintée vingt coups ».

L'année 1826 fut encore pour le cœur sacerdotal de l'archiprêtre de Coulommiers une année bénie. Cette fois, un autre enfant de Coulommiers, un sujet d'élite, recevait, le 23 décembre 1826, à la Cathédrale de Meaux, l'onction sacerdotale. Né le 4 juillet 1802 à Coulommiers, curé de Citry, quelques mois, vicaire de Melun le 1er juillet 1827, curé d'Avon, le 1er janvier 1829, supérieur du Petit Séminaire d'Avon le 24 septembre 1832, vicaire général le 28 avril 1839 de Mgr Allou, pendant plus de 40 ans, décoré de la Légion d'Honneur, M. Fleurnoy, décédé le 11 juillet 1880, a laissé dans le Diocèse de Meaux, dont il a été l'honneur, un souvenir ineffaçable.

A l'honneur de la paroisse de Coulommiers, nous sommes fiers de signaler encore et de saluer la mémoire de deux autres enfants de Coulommiers, qui ont été honorés du sacerdoce, au temps où M. Charpentier administrait cette excellente paroisse. L'un est Nicolas-Victor Houdry, né en 1802 à Coulommiers, ordonné à Meaux en 1826, vicaire de Fontainebleau en 1827, curé de Grisenoy en 1829, démissionnaire en 1834, précepteur au château de Grisenoy et décédé à Merville au diocèse de Rouen, le 28 décembre 1838.

L'autre, Jean-Baptiste Auguste Doncin, est né le 27 décembre 1804, à Coulommiers. Après avoir rempli différents postes dans le diocèse, il vint à Meaux en 1856, pour succéder en qualité de chanoine à M. Breul. C'était un prêtre instruit, d'un esprit judicieux et surtout d'une piété solide. Il mourut le 22 juin 1865, âgé de 60 ans.

Il est facile de présumer la vigilance, l'intérêt, avec lesquels M. Charpentier avait veillé sur ces âmes de ses jeunes paroissiens, appelés par la Providence à l'état ecclésiastique. Et un pasteur n'est jamais plus heureux, quelles que soient les difficultés et les épreuves que rencontre son ministère, que de voir éclore et épanouir dans le jardin des âmes qu'il doit cultiver, ces jeunes et tendres fleurs, qui donnent en leur temps les fruits d'un fécond apostolat.

Dans les premiers jours du mois d'août 1831, M. Charpentier se retira à Meaux, pour y remplir une place de chanoine titulaire à la Cathédrale de cette ville.

Il y décéda le 4 décembre 1837, âgé de 82 ans, des suites d'une chute qu'il fit dans un escalier. Le mardi suivant 11, la paroisse de Coulommiers célébra un service solennel pour le repos de son âme, comme ancien curé et bienfaiteur de cette paroisse.

D'après ce que nous avons pu dire sur les excellentes vocations que nous avons vu suscitées par la Providence, secondées par les familles chrétiennes de Coulommiers, encouragées et favorisées par le zèle sacerdotal de M. Charpentier, nous n'étonnerons personne en rappelant qu'il fut un bienfaiteur insigne du Séminaire.

49. — LOUIS-CHRISTOPHE CORDIER (1831-1857).

Né à Châlons-sur-Marne, le 25 septembre 1791, Louis-Christophe Cordier, devint par suite du Concordat de 1801, sujet de l'évêque de Meaux, dont le diocèse comprenait alors les deux départements de la Marne et de Seine-et-Marne et les deux églises de Reims et de Châlons.

Ce fut donc au séminaire de Meaux que le jeune Cordier fit ses études. Ordonné prêtre le 23 décembre 1815, il fut d'abord envoyé comme vicaire dans la paroisse qu'il devait plus tard diriger pendant tant d'années, et qui eut ainsi les prémices de son zèle et les derniers travaux de son apostolat.

Le 1er janvier 1822, l'abbé Cordier fut nommé curé de Vareddes, à quelques lieues de Meaux, qu'il quitta le

1er octobre de la même année, pour occuper dans la ville épiscopale l'importante paroisse de Saint-Nicolas.

Mgr de Cosnac, voulant récompenser le zèle et les talents du curé de St-Nicolas, lui donna des lettres de chanoine honoraire le 1er mars 1823.

L'un des premiers actes administratifs de Mgr Gallard de douce et pieuse mémoire fut la nomination de M. Cordier à la cure archipresbytérale de Coulommiers où son souvenir n'était point effacé; il y fut installé le 10 juillet 1831.

C'est là que le pasteur a usé ses forces par le travail et la souffrance. Plusieurs fois, dans ces derniers temps, une prébende canoniale lui avait été offerte à la cathédrale, mais attaché par le cœur à une paroisse avec laquelle il était en rapport depuis plus de quarante ans, le curé de Coulommiers voulait mourir au milieu de ses enfants. Ses vœux ont été exaucés.

A la suite des fatigues de la sainte Quarantaine, et avant même d'avoir pu recueillir tous les fruits qu'il en avait droit d'attendre, il fut atteint d'une fluxion de poitrine, à laquelle il succomba le 22 avril 1857, après 4 jours seulement de maladie.

Ainsi peut-on dire qu'il est mort les armes à la main et qu'ayant combattu les combats du Seigneur, il a déjà reçu la couronne que promet le souverain Pasteur, à ceux qui l'auront servi fidèlement (Extrait de l'*Ami de la religion*, 12 mai 1857. J. B...).

Pendant les 26 années de son ministère à Coulommiers, M. Cordier fut secondé par un certain nombre de vicaires. Nous allons citer ceux dont nous avons pu retrouver les noms :

Au début, M. **Victor-Désiré Léchalat**, né à Fontainebleau le 2 décembre 1805, vicaire de Coulommiers en 1832, curé de Fay en 1834 et de Soignolles en 1859; mort le 31 août 1868.

M. **Pierre-Noël Boulingre**, né à Lesches le 1er septembre 1809, ordonné en décembre 1833, vicaire de Coulommiers en 1834, curé d'Aulnoy en 1887, de Jouy-sur-Morin en 1843, de Nanteuil-les-Meaux en 1870, admis à la retraite en 1870; mort le 29 novembre 1875. C'est lui, qui commença, lors de son vicariat de Coulommiers, à recueillir des notes historiques sur la paroisse et ses curés, notes qui servirent à ses successeurs, les abbés Delaforge et Bécheret.

L'abbé **Pierre-Joseph-Eugène Delaforge**, né à Blandy le 18 janvier 1820, ordonné à Paris le 3 juin 1844. Vicaire de Coulommiers le 3 juin 1844. Curé de Beton-Bazoches le 1er janvier 1849, de Chamigny le 1er octobre 1849, de Méry le 26 janvier 1852, de Perthes le 7 novembre 1853, de Seine-Port le 16 mars 1868, retiré à Melun le 17 janvier 1883; décédé le 11 avril 1889.

Louis-Félix-Auguste Bécheret, né à Coupvray le 12 février 1805, ordonné le 14 octobre 1838, vicaire de Coulommiers de 1838 à 1846, curé de Chailly en 1846, de Pommeuse le 13 mars 1850, de Dhuisy le 20 novembre 1853, de Monthyon, le 22 mai 1859; décédé le 6 juin 1877.

J.-L.-Joseph Guérin, né à Monceaux le 21 février 1806, ordonné le 1er juin 1833, vicaire de Coulommiers le 1er janvier 1838, curé de Guignes en 1843, de Mitry en 1852, chanoine titulaire en 1866; mort le 14 janvier 1879.

L'abbé **Bécheret** rédigea, en collaboration avec son confrère, M. Delaforge, un essai sur l'histoire de la Ville de Coulommiers et de ses curés en particulier. Ils consignèrent les résultats de leurs recherches sur un registre, qui est conservé à la cure de Coulommiers. Ce registre transcrit intégralement et presque littéralement un manuscrit très curieux et très exact où un grand nombre de renseignements ont été fournis par un érudit columérien, le Docteur-Chirurgien Clozier, qui lui-même a reproduit un manuscrit plus ancien, de M. Hébert du XVIIIe siècle en le complétant pour l'époque qui lui était contemporaine.

M. **André-Antoine Denis**, né à Vareddes le 30 novembre 1820, ordonné le 8 décembre 1846. Vicaire de Coulommiers le 13 décembre 1846, aumônier de l'Hospice de

Coulommiers le 1er avril 1851, pendant plus de quarante ans. Retraité à l'Hospice de Coulommiers le 1er juillet 1891, décédé le 15 mai 1893, emportant les regrets, l'estime et la vénération de toute la population columérienne qu'il avait profondément édifiée par ses vertus sacerdotales, pendant tant d'années.

M. **Philibert-François Monot**, né à Sourdun le 26 avril 1825, ordonné en 1851, vicaire de Coulommiers le 1er avril 1851, curé de Beautheil le 1er janvier 1854 (1).

M. **Louis-Hippolyte-François Ménin**, né à Nemours le 15 juin 1827, ordonné le 8 avril 1852, vicaire de Coulommiers le 1er juillet 1854, curé de Fublaines le 1er juillet 1857, curé de Servon et vicaire de Brie le 15 juillet 1862, curé de Champs le 15 juillet 1876, sorti par congé le 20 avril 1879, aumônier des Carmélites de St-Denis le 29 juillet 1879, retiré à Nemours en 1890, mort le 14 décembre 1900.

Comme son zélé prédécesseur, M. Cordier pendant son long ministère, eut la consolation de voir un certain nombre de jeunes Columériens se destiner et parvenir à l'état ecclésiastique où ils remplirent, au service de l'Église de Meaux, des emplois honorables et un ministère fécond. Ce sont, par ordre chronologique :

Alfred-Ambroise Vallet, né à Coulommiers le 21 décembre 1813, d'une honorable famille. Au Séminaire, il prit rang parmi les élèves les plus pieux et les plus laborieux, devint professeur, très apprécié aux petit et grand Séminaires. Outre les sciences naturelles où il excellait, il fut chargé par Mgr Allou, du soin de la bibliothèque. Il revisa avec soin les manuscrits de Bossuet achetés par Mgr Gallard, et légués par lui à la bibliothèque, dont il refit le catalogue. Il déchiffra patiemment le manuscrit du XIIIe Livre de la « Défense de la Tradition et des Saints Pères » que les divers éditeurs avaient négligé jusqu'alors ; et sa copie servit à l'édition de Vivès. Il fut nommé cha-

(1) Vic. de la cathédrale le 1er oct. 1857, curé de Misy le 15 oct. 1859, de Grisy-Suismes le 1er avril 1870, retraité le 1er août 1885, aumônier de Noisiel en mai 1886, mort le 9 juin 1888.

noine titulaire le 13 octobre 1867. Sa retraite fut encore très utile au diocèse et très studieuse. Il mourut à Meaux en 1887.

Paul-Gustave Fleurnoy, né à Coulommiers le 18 mai 1813, ordonné le 26 décembre 1838, curé de Marolles le 1er janvier 1839, de Villeneuve-sur-Bellot le 30 avril 1846, de Trilport le 15 octobre 1850, de Donnemarie le 15 mars 1865, démissionnaire à Donnemarie le 26 avril 1883, décédé le 15 décembre 1887. Il avait été nommé chanoine en 1877 au jour des noces d'or de son frère aîné, le vicaire général.

Marie-Gaston Leroy, né à Coulommiers le 2 janvier 1814, et ordonné prêtre le 21 décembre 1839, ne quitta jamais la première paroisse qui lui fut confiée : Dontilly où il mourut le 4 février 1868.

Louis-Philippe-Marie Guilmote, né à Coulommiers le 27 février 1820, ordonné à Coutances le 6 juin 1846, curé de Beautheil en 1848, de Pommeuse en 1854, de Ferrières en 1860, de Faremoutiers en 1875; mort le 21 novembre 1875.

Alexandre-Henri Goujon, né à Coulommiers le 27 janvier 1824, ordonné le 22 décembre 1849, curé de Fleury le 1er janvier 1850, de Champeaux le 1er novembre 1854, de Boissy le 15 août 1870; mort le 1er décembre 1876.

Tandis que cette belle lignée cléricale se préparait sous les regards attentifs, vigilants et encourageants de M. Cordier ou de ses zélés prédécesseurs, à gravir les degrés du sanctuaire, l'actif curé de Coulommiers ne perdait pas non plus de vue le soin matériel de son église. Le temps, et la Révolution y avaient fait des dommages considérables. C'est alors que la Providence lui fit rencontrer dans sa paroisse, une femme généreuse qui en devint, elle aussi, la seconde Providence. Son nom, Mme Colin de St-Marc, est inséparable de celui de M. Cordier. Il est resté dans la mémoire des fidèles Columériens. Nous lui consacrons cette courte notice :

« Mme Elisabeth Pierre Hébert, née à Coulommiers le « 24 décembre 1757, était fille de M. P.-D. Hébert, ancien « trésorier de la guerre, receveur des fermes à Dijon. « Elevée par un père très instruit, elle sut acquérir près « de lui les connaissances qui la distinguèrent. Elle « épousa très jeune M. Alexandre Colin de St-Marc, ancien « receveur des fermes à Rouen : c'est dans cette ville et « dans une terre charmante située auprès les Anthieux, « ainsi qu'à Dijon, près de sa mère alors veuve, qu'elle « passa une grande partie de sa vie jusqu'en 1810. »

A cette époque, elle fit l'acquisition d'une maison à Coulommiers; elle partagea alors son temps entre cette résidence, Provins où sa mère s'était retirée et son chateau de Boissise-la-Bertrand, à deux lieues de Melun. Enfin, en 1817, après la mort de son mari et de sa mère, elle se fixa tout à fait à Coulommiers, au sein de sa famille, pour laquelle elle conserva toujours l'amitié la plus vive.

Remplie de religion et de charité, Mme de St-Marc s'occupait sans cesse de bonnes œuvres Partout où elle habita, elle consacra une grande partie de sa fortune, en aumônes qu'elle accordait à des églises de campagne qui avaient grand besoin de réparations. Mais c'est surtout à Coulommiers qu'elle a laissé des marques nombreuses de sa libéralité.

C'est par ses soins que l'église St-Denys, fort ancienne et très dégradée, fut *entièrement restaurée*, pavée en totalité en pierres de liais, les boiseries et les peintures renouvelées; elle fit don à l'église, de beaucoups d'ornements, de grilles. Dès 1833, elle avait fait faire des réparations considérables au grand orgue. Elle avait offert des tableaux représentant St-Denis patron de la ville et de la paroisse, Ste-Foi si populaire et Ste-Elisabeth, reine de Hongrie, sa patronne, distribuant des dons aux pauvres.

Ce dernier tableau était placé dans une chapelle dédiée à cette sainte. Le 14 mars 1836, vers dix heures du soir, restée seule dans sa chambre, à lire le journal, on présume que le feu prit à ses vêtements, et au bout d'une heure lorsqu'on voulut y pénétrer, on trouva la chambre en feu, et sans doute Mme de St-Marc n'existait plus depuis longtemps. Une grande partie de la maison fut brûlée et le reste ne dut sa conservation qu'au zèle et à l'empressement des habitants.

On trouvait jusqu'à ces derniers temps dans la chapelle de *Sainte-Élisabeth*, l'inscription suivante en l'honneur de Mme Colin de St-Marc, pour attester à la postérité que c'est à la libéralité de cette dame qu'on doit la restauration de l'église de Coulommiers.

D. O. M.
PERPETUÆ MEMORIÆ
Mar.-Elisab.-Petr. HEBERT,
præclaræ pietatis,
Viduæ Roch. COLIN DE ST-MARC,
quæ, hanc Ædem sacram, sponte
suâ atque incita munificentiâ
instauravit.
Tunc D. CORDIER, *Archipresbytero*
nec non hujus Parochiæ
Rectore benè merito.
D. D. R. R. Rom.-Fred. GALLARD,
Episcopus Meldensis
HOC SACELLUM,
sub invocat. STÆ ELISABETH,
dedicavit
ipso die Festo ejus Patronæ,
novemb. IX *anno Domini,*
M. D. C. C. C. XXXV.

Manum suam aperuit inopi,
Et palmas suas extendit ad pauperem.
Prov. c. 31, v. 20.

TRADUCTION

POUR LA GLOIRE DE DIEU
AU PERPÉTUEL SOUVENIR DE LA PIÉTÉ
De Marie-Elisabeth-Pierre HEBERT,
Veuve de
Roch COLIN DE SAINT-MARC,
dont la munificence
a fourni les moyens de restaurer
cette Eglise.
Étant Recteur de la Paroisse,
émérite
Messire CORDIER, Archiprêtre;
Le Révérendissime
Rom.-Fréd. GALLARD,
Évêque de Meaux,
a dédié et consacré
CETTE CHAPELLE,
sous l'invocation de STE-ELISABETH,
le jour même de la Fête de
cette Patronne,
le IX Novembre, l'an de grâce
M. D. C. C. C. XXXV.

Elle a ouvert sa main à l'indigent
Et a étendu ses bras vers le pauvre.
Prov. c. 31, v. 20.

Voici l'épitaphe qui avait été gravée sur la pierre tombale de M. Cordier.

Ici
repose le corps
de vénérable et discrète personne
Messire LOUIS-CHRISTOPHE CORDIER
Curé Archiprêtre de Coulommiers
et Chanoine honoraire de Meaux.
Décédé le 22 avril 1857,
dans sa 66e année.
Vicaire de cette paroisse de 1815 à 1822,
Il nous donna les prémices de son ministère
Curé depuis 1831,
il nous en consacra les vingt-cinq dernières années.

« Heureux, Seigneur, celui que vous avez choisi et mis à notre service
« Il habitera dans vos saints tabernacles. »
Ps. 64e v. 4.

50. — FRANÇOIS-ALEXANDRE MARCHAND

(1857-1879) 22 ans.

François-Alexandre Marchand naquit à Marlotte, hameau considérable de la commune de Bourron, près Nemours, le 24 février 1813, de cultivateurs aisés.

Vif, ardent, impétueux, prenant part volontiers aux jeux bruyants, aux luttes animées de ses camarades, il comptait déjà parmi les élèves du petit séminaire d'Avon que l'on se prenait à douter de sa vocation au sacerdoce. Mais que ne peut, avec la grâce de Dieu, l'énergie de la volonté? Ce que l'instruction seule n'aurait jamais pu produire, l'éducation, mais l'éducation religieuse, disons-le bien haut, le fit doucement en quelques années.

S'inspirant des pieux souvenirs de Loyola et de Xavier, le jeune Marchand travailla sérieusement à se vaincre, ses défauts naturels firent place aux vertus opposées; et quand, vers 1832, les portes du grand séminaire de Meaux s'ouvrirent pour le recevoir, il était devenu déjà l'homme de foi, l'homme de labeur, l'homme de règle, l'homme d'abnégation que nous avons connu.

Alexandre Marchand fut ordonné prêtre le 28 mai 1836. Il professait alors, bien que n'étant que diacre, le cours d'écriture sainte, enseignant ainsi ses condisciples de la veille. Mais sa santé compromise ne pouvait suffire longtemps aux fatigues du professorat. Le lévite, devenu prêtre, devait, dans les desseins de Dieu, prendre un rang distingué parmi les catéchistes et les prédicateurs, et contribuer largement au salut des âmes, comme confesseur et comme directeur.

Le pieux et digne M. Jamme venait de quitter Mareuil-les-Meaux, pour aller continuer à Crouy — et pendant trente-sept ans — de véritables traditions religieuses. Mgr Gallard lui donna pour successeur le jeune professeur d'écriture sainte.

C'était, on le pense bien, un poste de repos momentané. Le vénérable M. Allou, vicaire général et archidiacre de Brie, qui connaissait et appréciait dès longtemps le curé de Mareuil, ne pouvait oublier l'un de ses plus chers élèves d'Avon.

L'administration épiscopale se voyait alors dans la nécessité de renouveler le vicariat de Fontainebleau; l'Abbé Marchand fut le premier sur lequel on jeta les yeux.

L'année 1837 venait de commencer.

Le prêtre envoyé par ses supérieurs dans un nouveau poste a souvent besoin de se sentir soutenu, non seulement par Dieu, mais encore par ceux qui lui donnent sa mission.

Ce double appui était particulièrement nécessaire au nouveau vicaire.

A cette époque, la paroisse royale de Saint-Louis de Fontainebleau avait à sa tête un de ces pasteurs aimés dont le nom reste populaire pendant plusieurs générations, un de ces prêtres d'élite que les circonstances seules empêchèrent de prendre place parmi les Pontifes : M. Liautard.

Mais l'ancien directeur du collège Stanislas, imbu des opinions et des pratiques de l'ancien clergé, se prêtait mal aux changements opérés par le Concordat dans la situation des curés vis-à-vis de l'autorité ecclésiastique. M. Marchand, n'ayant point été choisi par M. Liautard, fut d'abord froidement accueilli et laissé complètement dans l'ombre, chargé toujours des fonctions les plus pénibles.

La patience, la douceur et le silence du nouveau vicaire triomphèrent enfin des préjugés et l'on reconnut son rare mérite.

Le 1er novembre 1843, Mgr Allou rappela l'Abbé Marchand à Meaux, comme vicaire de la Cathédrale.

Les fidèles de la ville épiscopale apprécièrent bien vite le trésor de dévouement, de zèle et de charité qui leur était donné. Les catéchismes reprirent une nouvelle impulsion, encouragés d'ailleurs par le cher et vénéré pasteur qui dirigeait depuis quarante-cinq ans la paroisse St-Etienne, et par les directeurs du grand séminaire.

La prédication de l'abbé Marchand ne tarda guère à être remarquée. Ses instructions étaient toujours solides et nourries, appuyées sur la sainte Ecriture, les écrits des docteurs et l'histoire de l'Eglise. Sans vouloir attaquer les personnes, il savait au besoin, il l'a prouvé, réclamer pour la chaire la liberté de la parole.

Qui n'a vu, pendant quatorze ans, ce prêtre grand, alerte, tant soit peu voûté, parcourir les rues de la ville, visiter les malades, chercher la brebis égarée, porter à tous des consolations et des secours? Qui ne se rappelle qu'à certaines époques, le charitable vicaire conduisait dans quelques mansardes le saint et regretté pontife que nous venons de perdre (1) alors que ses yeux n'étaient pas encore entièrement voilés.

Avons-nous besoin de dire que le confessionnal de l'abbé Marchand était des plus entourés, qu'un grand nombre de personnes recherchaient ses conseils et sa direction? Il n'y avait pour lui ni jour, ni heure.

Un prêtre, dit-on souvent, ne peut rester vicaire toute sa vie. En dehors de Paris et de quelques grandes villes, cette règle, en effet, ne souffre que de rares exceptions. M. Marchand dut donc être curé. Il comptait plus de vingt ans de vicariat.

Le 1er janvier 1847, Monseigneur lui avait donné des lettres de chanoine honoraire, voulant sans doute récompenser les services passés, mais comptant lui demander, au besoin, de nouvelles preuves de désintéressement et d'abnégation.

L'occasion ne se fit pas attendre. Les deux plus importants doyennés de l'arrondissement de Meaux, la Ferté-sous-Jouarre et Lagny, se trouvèrent vacants la même année — 1851 — par la mort des titulaires, tous deux d'ailleurs fort âgés. L'opinion publique désignait depuis longtemps déjà, comme successeurs probables de MM. Cauvin et Andrieu, le premier vicaire de Saint-Louis de Fontainebleau, l'abbé Lamiche, et le premier vicaire de Saint-Etienne de Meaux, l'abbé Marchand. L'opinion publique ne se trompait pas. Le premier fut en effet appelé à la cure de la Ferté; et si l'autre ne devint pas

(1) Mgr Allou, de douce et vénérée mémoire.

curé de Lagny, ainsi que le désiraient unanimement les membres du Conseil épiscopal, c'est que Monseigneur demanda personnellement à M. Marchand de rester encore quelques années à Meaux. « Je vous tiendrai compte plus tard de votre sacrifice, lui dit Sa Grandeur; je le reconnais dès ce jour en nommant à Lagny l'abbé Oudry, votre ami. »

Au mois de mai 1857, notre bon Evêque, revenant de Rome, apprenait à Marseille la mort récente de M. Cordier, archiprêtre de Coulommiers. Immédiatement, sa pensée se porta sur le premier vicaire de la cathédrale : le Conseil confirma ce choix d'un commun élan, et, le 28 juin 1857, l'élu était installé solennellement par M. Fleurnoy, vicaire général, archidiacre de Brie.

Archiprêtre curé de Coulommiers M. Marchand a été, comme depuis son ordination et son entrée dans le saint ministère, un prêtre modèle, se sanctifiant d'abord lui-même par une fidélité inviolable à tous ses exercices de piété, et déployant un zèle ardent pour la sanctification et le salut des âmes. Prêcher, catéchiser, toujours après un travail sérieux, courir à la visite des malades et employer, pour les ramener à Dieu, toutes les industries de la charité : telles ont été ses occupations constantes. Ses distractions ou son repos étaient des conférences sur la théologie et le droit canonique avec son ami le pieux abbé Coulombier, curé de Boissy-le-Châtel. Il s'absentait rarement de sa paroisse, même pour venir à Meaux qui avait certainement pour lui de véritables attraits. Toutefois, il ne résista pas au désir de voir Rome et le Souverain Pontife; il fit au pas de course ce pieux pélerinage en 1869 et méditait avec amour un voyage en Terre Sainte.

Une circonstance solennelle l'amena à Meaux le 28 mai 1875.

La ville épiscopale et tout le clergé célébraient, ce jour-là, la cinquantaine de sacerdoce de Mgr Allou. L'abbé Marchand avait été choisi pour l'orateur de la circonstance; il accepta cette mission et s'y livra avec une application particulière qu'animaient la respectueuse affection et la reconnaissance qu'il professait pour un évêque dont la sollicitude paternelle n'avait jamais cessé, depuis cinquante ans, de le couvrir du plus touchant intérêt.

Son discours, dont le texte était : *Venite, exultemus, Domino, jubilemus Deo salutari nostro, — Venez, livrons-nous à la joie devant le Seigneur*, faisait connaître le sens de la cérémonie et les mérites du Vénéré Pontife qui en était l'objet. Le langage de l'orateur fut à la fois élevé et gracieux; il était, dans sa seconde partie, l'expression de la piété filiale qui faisait battre tous les cœurs pour un père tendrement aimé. Saint Augustin, le patron du prélat, fournit à l'orateur les traits les plus heureux, les images les plus gracieuses.

Plusieurs ecclésiastiques ont prétendu que Monseigneur avait offert depuis plusieurs années au curé de Coulommiers, un canonicat titulaire.

On demanda à l'abbé Marchand lui-même ce qu'il en était : « Mon cher ami, répondit-il, la preuve que votre renseignement est inexact, c'est que je suis encore curé. Le jour où mon évêque croira devoir me faire cette proposition, je comprendrai que l'heure de la retraite a sonné pour moi, j'accepterai ».

Elle arriva, cette heure du repos précurseur du repos éternel. Le 1er avril 1879, M. Marchand prenait possession d'une stalle de chanoine à la Cathédrale.

En rentrant à Meaux, le nouveau chanoine eut la consolation de voir que les œuvres étaient en progrès dans la ville épiscopale. Des associations pieuses s'étaient formées, des cercles et des réunions catholiques fonctionnaient à merveille, le Seigneur était plus connu, la Très Sainte Vierge honorée davantage.

Lui qui, chaque année, faisait pieusement, le 30 août, le pèlerinage de saint Fiacre, put, dernièrement encore, remercier le Seigneur d'avoir permis que le culte du saint solitaire de la Brie fût remis en honneur.

Le mal qui devait l'enlever le minait sourdement, lui laissant encore quelques forces; il en profita pour se dévouer encore. Les paroissiens de Saint-Etienne entendirent plus d'une fois, à des jours solennels, cette voix qu'ils n'avaient point oubliée.

Dans ces derniers temps, il vivait à peu près en reclus. Sa grande consolation, comme on l'a vu, était de recevoir au moins chaque semaine la sainte communion. La mort lui apparaissait comme le terme de ses douleurs et le commencement de la vie. Le 25 septembre il est entré dans son éternité.

Pie Jesu, Domine dona ei requiem Sempiternam !

Isidore Boutroy.

Nous avons vu qu'à la Cinquantaine de Mgr Allou, célébré le 28 mai 1875, M. Marchand fut choisi pour orateur de la circonstance. Nous pouvons donner ici la substance de son éloquente allocution :

« I. La cinquantaine d'un Evêque, dit-il, est une joie pour l'Eglise « universelle, une joie pour le Diocèse dont il a la garde. « L'Eglise universelle se réjouit de la longévité de ses pontifes. « Elle ne se laisse pas séduire par les théories de certains politi- « ques de nos jours, qui voudraient rejeter ceux qui ont blanchi « dans le maniement des affaires, et appeler au pouvoir de jeunes « générations toujours prêtes aux innovations téméraires.

« L'Evêque qui a acquis l'expérience des hommes et des choses, « est plus propre à concevoir des projets et à les exécuter sûre- « ment. Celui qui a formé toutes les générations sacerdotales de « son Diocèse, les connait mieux et exerce sur elles une autorité « d'autant plus respectée. Celui qui a visité toute la portion de « l'Eglise qui lui est confiée, qui connaît pour ainsi dire ses diocé- « sains par leur nom, sait beaucoup mieux trouver le chemin de leur « cœur. Il est écouté par eux comme le père l'est de ses enfants.

« Quand dans les considérations épiscopales, l'Eglise veut que le nouvel Evêque souhaite de nombreuses années à son Consécrateur, ce n'est pas seulement par pure courtoisie qu'elle lui fait répéter trois fois ces paroles : *Ad multos annos*, mais c'est un bienfait réel et une vraie bénédiction qu'elle lui souhaite.

Je pourrais, ajoute l'orateur, confirmer ces principes par l'histoire du pasteur, dont nous célébrons aujourd'hui la cinquantaine. Je pourrais rappeler et la fondation des missions diocésaines, et le développement des Congrégations religieuses, et le rétablissement de la liturgie romaine !... Mais la Sainte Ecriture m'avertit qu'on ne doit pas louer un homme pendant sa vie : « *Ante mortem ne laudes quempiam* » D'ailleurs, ses œuvres sont pour lui la meilleure louange « *laudent eum opera ejus* » et le jour ne suffirait pas, pour énumérer tous les titres de gloire du modèle des pontifes e des pères : « *Deficiet me tempus enarrentem* ».

II. La cinquantaine d'un Evêque est aussi et surtout la joie de son Diocèse, qu'est-ce qu'un Evêque pour son Diocèse ? Un père en Dieu. « *Pater in Deo* ». L'Eglise qu'il dirige est pour lui comme une épouse mystique; il porte sans cesse au doigt l'anneau qui lui rappelle cette alliance, et les fidèles répondent à sa tendresse par une affection toute filiale.

Que sera-ce si ce premier pasteur est né, a grandi au milieu du diocèse qui repose en paix sous sa houlette bénie. Comment s'étonner alors de voir la foule se presser sur ses pas au jour de son Jubilé ?

Ici, l'orateur rappelle une scène attendrissante qui se passa un jour dans l'Eglise d'Hippone. En face d'Augustin chargé de jours, et songeant à résigner ses fonctions épiscopales les prêtres, s'y refusaient et chantaient : *Augustino vita*, et les clercs de l'Eglise répétaient : « *Te patrem et episcopum* ». Si nos mœurs le permettaient, Monseigneur, nous verrions se renouveler ici cette scène et vous entendriez les mêmes acclamations. Votre vénérable Chapitre et votre clergé tout entier rediraient : *Augustino vita*, longue vie à Augustin, les clercs de vos séminaires reprendraient *Te patrem et episcopum* : Vous toujours père. Vous toujours Evêque : Et cette foule immense, depuis trente-six ans, témoin de vos vertus et objet de votre zèle joindrait ses pieuses acclamations.

Le jour même de cette belle fête des noces d'or de Mgr Allou, M. Marchand eut la joie de voir le vénéré jubilaire remettre les lettres de chanoine honoraire, à son meilleur ami et voisin, le vénérable abbé Coulombier, curé de Boissy-le-Châtel, avec lequel, M. l'archiprêtre de Coulommiers entretenait, par des visites mutuelles hebdomadaires, des relations d'amitié et de dévotions, de direction et d'études théologiques, dont l'ancien clergé nous a laissé le souvenir et l'exemple, que les nouvelles générations sacerdotales ne sauraient trop s'efforcer d'imiter. Nous joignons à cette notice, quelques éphémérides concernant le ministère de M. Marchand :

Dès 1857 année de sa nomination à la cure de Coulommiers, M. Marchand avait eu comme vicaire M. **Charles-Antoine Forestier**, né à Meaux en 1831. Ordonné le 6 juin 1857 et nommé dès son ordination vicaire à Coulommiers, curé de la Haute-Maison (1861), curé de Gurcy en 1862, jusqu'au jour où il entra en 1862, dans l'ordre de Saint-Dominique.

L'abbé **Raymond**, son collègue dès 1861, était lié d'une étroite amitié avec l'abbé Denys, aumônier de l'hospice.

Vinrent ensuite à Coulommiers, l'abbé **Lapierre**, qui prit sa retraite étant doyen de Donnemarie et l'abbé **Mœris**, dont le nom est resté attaché à la fondation du Journal catholique *La Croix de Seine-et-Marne*, qui, après des débuts modestes et diverses vicissitudes, a atteint son apogée avec l'abbé Lefèvre, toujours regretté et qui garde encore aujourd'hui, sans contredit, le premier rang, sinon par le nombre, du moins par la valeur parmi la Presse de Seine-et-Marne.

En 1859, M. Marchand fit donner une mission à Coulommiers. Il appela pour ce grand travail, les Pères Rédemptoristes qui venaient de s'établir à Avon : trois furent délégués : les Pères Astemoine, Stoufflet et Humarque, qui commencèrent la mission le 3 avril 1859. L'année suivante, en 1860, d'autres missionnaires de la même congrégation, les Pères Astemoine, Parizot, François firent un retour de mission, quelques jours avant Pâques.

Nous joignons à cette notice, quelques éphémérides intéressantes, concernant M. Marchand.

1° Le 20 septembre 1862, il fut invité par les autorités à bénir la mairie de Mouroux dont on faisait l'inauguration.

2° Le 2 avril 1864, M. Marchand avait prononcé une allocution remarquable à l'ouverture du chemin de fer de Coulommiers.

3° Le 19 novembre 1864, il bénit l'usine à gaz de Coulommiers, en présence de M. le Préfet et de M. Josseau député.

4° Le 29 juin 1869, un enfant de Coulommiers, **Arthur-Alexandre Frutel**, était ordonné prêtre dans la cathédrale de Meaux.

5° En novembre 1869, M. Marchand partait pour Rome avec son vicaire M. Lapierre.

51. — AUGUSTE-NICOLAS JARRY (1879-1890).

L'abbé Auguste-Nicolas Jarry, né à Boutigny, le 30 avril 1826.

Ordonné en 1851, après d'excellentes études à Saint-Sulpice, fut nommé curé de Reuil en même temps que vicaire à la Ferté-sous-Jouarre. Rempli de zèle, très aimé des ouvriers meuliers, il allait plusieurs fois par semaine dans les hameaux les plus éloignés pour visiter les malades et les pauvres.

Pendant le choléra de 1855, il déploya surtout une admirable charité et un infatigable dévouement en consolant les mourants et en conduisant les morts à leur dernière demeure.

Après un séjour de trois ou quatre ans à La Ferté, il fut nommé à Provins. Là encore il était curé d'une paroisse voisine, Saint-Brice, et vicaire de Saint-Ayoul. De plus, il était aumônier du pensionnat des Dames de Nevers.

Le curé de Saint-Ayoul étant à peu près infirme, la tâche était lourde pour l'abbé Jarry. Il allait, chaque dimanche, dire la messe à Saint-Brice, il revenait prêcher à Saint-Ayoul. Son activité fut la même plus tard, à Melun, à Nangis, à La Ferté-sous-Jouarre. Un de ses successeurs disait de lui : « L'abbé Jarry laisse après son départ, trop d'ouvrage à ceux qui lui succèdent ».

Après cinq ans passés à Provins, où il laissa d'unanimes regrets, il fut nommé à Melun où il resta pendant huit ans, comme vicaire de Saint-Aspais; il était en même temps aumônier du collège, très prospère à cette époque. Là, comme dans ses autres postes, il déploya le plus grand zèle pour son ministère, ainsi que pour toutes les œuvres chrétiennes et, en particulier pour le catéchisme de persévérance qui devint très florissant et très suivi.

Il quitta Melun, en 1866, pour devenir doyen de Nangis. Dans cette nouvelle paroisse il trouva un aliment digne de son grand cœur et de son amour pour Dieu, en travaillant à la restauration de l'église qui, après de longs et intelligents travaux et grâce à la libéralité du comte Greffulhe, devint le superbe monument qu'elle est aujourd'hui. M. l'abbé Jarry eut bien désiré rester là et jouir de son œuvre, mais il dut faire un sacrifice et obéir encore à la volonté de ses supérieurs.

Le doyen de la Ferté-sous-Jouarre étant mort, les habitants de cette ville se souvenant de leur vicaire d'autrefois, si bon, si dévoué, prièrent Monseigneur de le leur donner comme curé

Enfin, et nous arrivons à la dernière étape de cette vie apostolique si bien remplie; au bout de sept ans, Monseigneur nomma l'abbé Jarry curé-archiprêtre de Coulommiers, en 1879. Il est inutile de dire ce qu'il fut parmi nous; ses paroissiens qui le pleurent aujourd'hui savent, mieux que nous, ce qu'il faudrait écrire de celui qui laisse dans les cœurs de profonds regrets.

Le dimanche 24 juillet 1892, le Diocèse et la Paroisse de Coulommiers apprenaient avec une douloureuse émotion la mort presque subite de M. Jarry, le vendredi 22 juillet, dans sa 67e année, muni des Sacrements de notre Mère la Sainte Église.

A ses obsèques, qui furent célébrées, avec un grand concours de prêtres et de fidèles, M. le Chanoine Denis prononça la touchante allocution que nous reproduisons et qui est le plus bel hommage rendu à la mémoire du vénérable défunt.

Allocution prononcée par M. Denis, chanoine.

M. l'abbé Auguste-Nicolas Jarry, est né à Boutigny, le 30 avril 1826, d'une famille originaire de Meaux. Dans le quartier Saint-Nicolas où elle habitait parmi des protestants, elle conserva toujours à l'exemple de plusieurs autres la foi de ses ancêtres. Ce qui caractérise dignement le cher défunt, c'est que des malheurs de famille ayant obligé sa mère à le placer dans l'orphelinat de l'hospice, il ne tarda pas à se révéler parmi les enfants de son âge et qu'il manifesta les regards de prédilection que la divine Providence avait jetés sur lui. M. l'abbé Wathiez, depuis doyen de Crécy, mais alors aumônier de l'établissement, qui sut plus d'une fois discerner les vocations ecclésiastiques et religieuses et qui, au besoin, les favorisait d'une façon généreuse avait reconnu en lui, dans les exercices du catéchisme une mémoire sûre, une intelligence précoce, un esprit élevé et d'heureuses dispositions pour la piété.

Les éducateurs de la jeunesse ont souvent remarqué que c'est dans l'étude du catéchisme plutôt que dans toute autre connaissance première que se découvrent chez les enfants la vivacité de l'esprit et la droiture du cœur: la conclusion se déduit ici facilement: plus les enfants s'appliqueront à l'étude des principes de la religion, plus aussi se développeront en eux les diverses aptitudes de l'esprit et les plus louables sentiments. M. Wathiez s'empressa d'initier le jeune Auguste Jarry aux éléments des études classiques. Hâtons-nous de dire que celui-ci n'oublia jamais son vénéré maître et protecteur. Entre eux s'établirent et demeurèrent toujours les relations les plus sincères d'intérêt et d'amitié d'une part et de l'autre de respect et de reconnaissance.

En 1841, M. Jarry était admis au petit séminaire de Meaux. Dès la première année, il se signalait par un ardent amour pour le travail. Les années suivantes, il ne manquait pas de remporter un grand nombre de couronnes à la distribution des prix. En même temps que ses talents se manifestaient, les supérieurs remarquaient les effort auxquels il se livrait pour acquérir la piété et les autres vertus qui caractérisent une vocation naissante. Son cours de philosophie terminé, il était envoyé à Paris au séminaire de Saint-Sulpice. C'est là qu'il se fortifia dans son désir de se donner à Dieu en même temps qu il s'appliquait à ces fortes études qu'il ne cessa de cultiver avec succès. En même temps, il entrait en relation avec des jeunes gens d'élite dont plusieurs ont été élevés aux plus hautes dignités de l'Eglise. C'est là qu'il commença à connaître Mgr de Briey, notre très vénéré prélat.

Ordonné prêtre le 20 décembre 1851, il débutait dans l'exercice du saint ministère sous un curé modèle, M. l'abbé Lamiche, que plus tard il devait remplacer. Sa grande charité se signala surtout durant l'invasion du choléra en 1854. De là, au bout de trois ans, il était envoyé à Provins en qualité de vicaire de Saint-Ayoul. Il avait à desservir en même temps la petite paroisse de Saint-Brice, comme précédemment celle de Reuil, étant à La Ferté. Sa nouvelle position était assez délicate: toutefois, malgré son peu d'expérience, il sut remplir toutes ses obligations avec avantage.

Nous le voyons passer quatre ans après au vicariat de Saint-Aspais, la paroisse principale de Melun. C'était là un nouveau théâtre où les facultés de son esprit et son zèle pouvaient mieux se développer. Il y trouvait pour curé un prêtre vénérable que distinguaient une grande bonté de cœur et un rare talent pour la prédication. L'exemple et les encouragements de celui-ci l'aidèrent à s'acquitter dignement des divers emplois du saint ministère. L'œuvre des catéchismes devint l'objet particulier de son zèle. Mettant à profit tout son temps, il avait pu former, avec plusieurs de ses jeunes confrères de Melun et des environs. des réunions hebdomadaires qui avaient pour but l'étude en commun de la *Somme* de Saint-Thomas d'Aquin. On sait que cet illustre docteur, surnommé l'Angélique, la lumière de l'Eglise au temps de saint Louis et la plus vaste intelligence du moyen âge et des temps modernes, a résumé dans un ouvrage important tout son enseignement théologique, c'est-à-dire toutes les questions dogmatiques et morales avec les objections et surtout avec toutes les réponses les plus solides et les plus lumineuses que puisse trouver l'esprit humain. L'abbé Jarry et ses confrères se proposaient par là de compléter leurs études élémentaires et d'acquérir ces connaissances si utiles non seulement au clergé, mais encore à tous les esprits sérieux. Nous vivons, en effet, à une époque où sont agitées une foule de questions fondamentales et où il importe de les résoudre dans l'intérêt de l'Eglise et dans celui de la société. Par là, le jeune vicaire s'attachait plus étroitement aux vérités de foi, aux vérités certaines et même aux opinions les plus sûres, à celles qui sont en honneur auprès des esprits droits et qui sont les plus favorables au bien des âmes. C'est dans ce sentiment qu'il s'appliquait à suivre toutes les controverses engagées dans notre siècle et qu'il prit part à plusieurs congrès catholiques où il lui était permis, grâce à ses connaissances et à la facilité de sa parole, d'éclairer la discussion des questions proposées.

En 1868, le vicaire de Saint-Aspais était désigné pour remplacer M l'abbé Rabotin comme curé et doyen de Nangis. La succession était facile à recueillir : il continua avec ardeur et succès les œuvres de son prédécesseur, qu'il devait suivre de si près dans le tombeau. La prédication, le soin des malades et l'œuvre des catéchismes devinrent l'objet de ses premiers travaux. Une congrégation de la Sainte Vierge pour les jeunes filles avait été établie : il y joignit celle des enfants de Marie. Quelques travaux avaient été commencés pour la réparation de l'Eglise paroissiale, il travailla à les continuer Grâce aux généreuses libéralités d'une riche famille, tout l'intérieur de ce monument fut restauré de fond en comble. Ainsi, voyons-nous cette église reparaître dans tout l'éclat de son architecture primitive, telle qu'elle sortit des mains du maître des œuvres qui l'entreprit à la fin du XIIe siècle. C'est à Nangis que M. Jarry eut à subir avec patience et sans faiblesse les rigueurs de l'invasion allemande. Cinq ans s'étaient à peine écoulés dans l'administration de cette paroisse qu'il passait à celle de La Ferté-sous-Jouarre. Ayant partagé autrefois les travaux de son prédécesseur, il lui devenait facile de le remplacer et de continuer les œuvres qui étaient entreprises et même d'y en ajouter. On lui doit la fondation, dans cette paroisse, du pensionnat des frères de la doctrine chrétienne.

Nous voici arrivés à l'année 1879, pendant le cours de laquelle il prit possession de la cure de Coulommiers: en même temps, il recevait des lettres de chanoine honoraire de notre cathédrale. Laissez-moi, mes chers frères, vous rappeler ici à vos propres souvenirs. Vous l'avez vu à l'œuvre; vous avez pu facilement suivre ses efforts, en particulier pour l'instruction chrétienne de la jeunesse, pour les améliorations apportées dans cette église, pour le chant des offices et pour la splendeur du culte divin.

Fortement atteint, il y a quelques années, d'une cruelle maladie, il en supportait courageusement toutes les rigueurs et il se montra patient et ferme au milieu d'une opération qui met bien souvent la vie en danger. Sa vigoureuse constitution, un régime de vie sévère lui permirent d'en triompher Depuis, il aimait à dire, à répéter que sa santé était devenue meilleure, que sur ce point il n'avait rien à désirer. Les fatigues du saint ministère ne l'effrayaient nullement: il satisfaisait à ses devoirs comme au temps de la jeunesse. Cependant la mort approchait. La mort! qu'il faut peu de chose pour la provoquer! Par suite d'un manque de précaution que réclamait son tempérament affaibli, elle allait fondre sur lui. Il y a quinze jours, il est invité à rendre les derniers devoirs à un prêtre de son âge, qu'il affectionnait à juste titre et voilà qu'il revient de la cérémonie funèbre emportant avec lui le germe fatal. Cependant il s'efforça de réagir et même le dimanche, il y a neuf jours, il officiait à la grand'messe et il prêchait un discours solide et animé dont les auditeurs garderont longtemps une heureuse impression. C'était le chant du cygne! C'était un suprême effort dont les suites ne devaient pas tarder à se faire sentir.

Loin de redouter la mort, il s'y prépara avec tous les sentiments qui animent tout prêtre zélé pour son propre salut comme pour celui des âmes qui lui sont confiées. Il reçut tout les sacrements avec la plus sincère dévotion donnant par là un grand exemple à tant de fidèles qui trop souvent dans une maladie dangereuse diffèrent la réception des sacrements de l'Eglise et négligent les consolations de notre sainte religion. Mais eut-il pu agir autrement ce digne prêtre, ce zélé pasteur qui se montra fidèle à tous ses devoirs; fidèle à la sainte Eglise dont il acceptait avec respect tous les enseignements; fidèle à ses évêques en répondant à la confiance qu'ils lui témoignaient; fidèle à ses autres supérieurs qu'il vénérait et dont il se rappelait les leçons; fidèle à ceux de son âge, à tous les amis de sa jeunesse qu'il ne cessa de considérer comme ses égaux; fidèle à ses vicaires et aux prêtres qui relevaient de lui, lesquels l'honoraient comme un conseiller utile, un ami dévoué, un bon père.

Suivant la maxime de saint François de Sales, il ne demandait rien pour lui-même et ne refusait rien. Loin de lui une démarche quelconque pour solliciter la moindre faveur: semblablement, il se montra toujours très désintéressé. Jamais il n'eut la pensée de faire des économies. Ce sont là encore les côtés saillants de son caractère sacerdotal. On dira peut-être qu'il était parfois vif et animé: c'est ce qui arrivait quand il entendait quelque proposition, quelque parole qui blessait la droiture de son esprit: Mais ce n'était qu'un premier mouvement qu'il s'empressait de réprimer, il ne conserva jamais d'amertume au fond de son cœur: il ne connaissait pas d'ennemi.

Ce discours terminé, M. le Vicaire général a récité les prières de l'absoute, puis le cortège s'est reformé pour franchir les treize cents mètres qui séparent l'église du cimetière.

Pour être triste, la procession n'en était pas moins solennelle.

Ces deux longues files d'enfants, de jeunes filles, de jeunes gens et de prêtres offraient, de loin surtout, un spectacle imposant.

Quand on fut parvenu au cimetière, et que M. le Grand-Vicaire eut récité les prières pour la sépulture, M. Gilles, président du Conseil de Fabrique, voulut adresser au cher et vénéré pasteur un dernier adieu.

Il le fit en ces termes :

Messieurs,

Mes fonctions de Président du Conseil de Fabrique de l'église de Coulommiers m'appellent à l'honneur d'offrir au vénérable pasteur que nous venons de perdre l'expression suprême de nos regrets à tous; vous pardonnerez à mon émotion de ne pouvoir faire ici un discours vraiment digne du prêtre dont je voudrais retracer les vertus.

C'était en effet un homme vertueux entre tous, celui que pleurent en ce moment, à divers titres, tous les habitants de Coulommiers et tous ceux qui, ailleurs, avaient eu le bonheur de le connaître.

Pendant de longues années, il a donné l'exemple à suivre. Dans toutes les positions qu'il a successivement occupées, il s'est toujours montré à la hauteur de ses devoirs, souvent même il les a exagérés.

Une voix autorisée vous retraçait à l'instant les étapes de sa carrière sacerdotale. A nous, ses collaborateurs de plusieurs années dans l'administration de la paroisse, il appartient de rendre témoignage de l'intelligence et du zèle pastoral qu'il apportait dans tous les détails propres à assurer le service du culte et à relever l'éclat de ses cérémonies.

Mais là n'est pas, Messieurs, son principal titre à notre estime et à notre aspect.

Il possédait au suprême degré la première vertu du prêtre, la charité. L'usage qu'il sut faire de toutes ses ressources et de celles qu'un pieux zèle mettait à sa disposition, pour soulager, Dieu sait avec quelle discrétion ! les misères de tous ceux qui l'entouraient et de tous ceux qu'il allait trouver, parce qu'il devinait leur détresse, ne lui permit jamais de rien conserver pour lui-même. Plus d'une fois, on lui fit entendre à ce sujet, dans son entourage, des observations tout amicales, mais jamais elles n'eurent le pouvoir de lui faire refuser aucune demande. Ne lui restait-il plus rien, il trouvait encore moyen de donner. Aussi ne laisse-t-il à sa famille d'autre héritage que le souvenir des bienfaits qu'il a répandus autour de lui; mais n'est-ce pas là un legs plus honorable que la fortune? Qu'elle en reçoive ici mes sincères félicitations!

L'abbé Jarry se distinguait encore par une grande modestie qui donnait toujours à son abord quelque chose de réservé; mais il n'en faudrait pas conclure que sa vertu fût farouche. Loin de là, messieurs : il aimait son prochain selon les préceptes de l'Evangile, et s'il apportait dans l'accomplissement de ce qu'il croyait son devoir, une fermeté rare, allant parfois jusqu'au rigorisme, il possédait aussi à un haut degré, l'aménité, l'affabilité qui conviennent aux relations de société. Doux avec ses inférieurs, on le trouvait plein d'amabilité dans ses rapports avec ses supérieurs et ses égaux

Mais une vie retirée convenait mieux à ses goûts. Travailleur acharné, il ne trouvait jamais qu'il eût assez à faire; aucune tâche ne le rebutait, et malgré une grave affection qui l'avait précédemment obligé à prendre des soins qu'il se reprochait, tant ils étaient loin de son caractère, il voulut toujours faire son devoir, et j'ose dire, plus que son devoir. C'est ainsi qu'il contractait, il y a quinze jours précisément, en conduisant à sa dernière demeure l'un de ses confrères, le germe de la maladie qui l'a si rapidement emporté. C'est ainsi que, déjà souffrant et grièvement frappé, il eut à cœur de remplir encore, le dimanche suivant, la mission d'instruire et d'évangéliser du haut de la chaire, les fidèles de son église. Ce zèle méritoire lui a sans doute coûté la vie.

Il a déjà reçu la récompense de cette existence si digne d'éloges et si dignement couronnée par une mort profondément chrétienne. Nous n'avons pas à le plaindre; nous ne devons que le regretter, et présenter à sa famille si éprouvée, si désolée de cette perte irrémédiable, la seule consolation qu'elle puisse recevoir aujourd'hui, je veux dire le souvenir que nous conserverons toujours des vertus du digne membre qu'elle s'est vu si rapidement et prématurément enlever.

Vénérable abbé Jarry, la mémoire de votre vie si bien remplie vous survit!

Puisse l'exemple édifiant que vous nous léguez, ne jamais s'effacer de nos cœurs! Puissions-nous, comme vous, aimer et pratiquer la charité, sous toutes les formes; comme vous aussi, chercher toujours, et avant tout, ce qui est juste devant Dieu!

Profondément impressionnée par ces paroles, la foule s'est écoulée lentement; et chacun songeait en même temps à la grande place que tient toujours dans notre société défaillante un prêtre selon le cœur de Dieu.

M. Jarry (1) eut pour successeur, à Coulommiers, M. P.-A. Daniel, curé doyen de La Ferté-sous-Jouarre.

(1) M. Jarry, eut successivement comme vicaires à Coulommiers: MM. Martin, décédé, M. Préau aujourd'hui Chanoine honoraire, et curé doyen de Château-Landon, M. Georget, M. Vernon, aujourd'hui curé archiprêtre de Sainte-Croix à Provins, M. Goury décédé, curé de Samois, M. Johnen, ancien curé de Thomery, actuellement en congé, pour raison de santé, au Sanatorium du Clergé de France, à Thorenc (Alpes-Maritimes), M. Caudron, qui ne fit que passer, pour aller à la Cathédrale, actuellement curé archiprêtre de Saint-Aspais, à Melun.

C'est, tandis que M. Jarry était curé de Coulommiers que l'abbé Eugène Sellier aujourd'hui curé de Ponthierry, dont les parents étaient venus se fixer à Coulommiers, commença ses études cléricales, sous la direction de M. Vernon vicaire; il entra en 1890 au Petit Séminaire de Meaux, et fut ordonné en 1900.

53. — PAUL-ALBERT DANIEL (1892-1894).

L'installation de M. l'abbé Daniel, comme curé-archiprêtre de Coulommiers, a eu lieu le dimanche 25 septembre 1892.

A dix heures, la procession conduisant le nouvel archiprêtre entrait dans l'église que remplissait une foule nombreuse et recueillie. Sous le porche, M. l'abbé Moret, vicaire général, archidiacre de Brie, délégué par Mgr l'Évêque, a présenté au Conseil de fabrique les pièces officielles, constatant sa délégation, la nomination de M. l'abbé Daniel et le décret de M. le Président de la République, agréant cette nomination. L'étole pastorale a été imposée au nouveau curé, et après quelques paroles de bienvenue de M. le Président du Conseil de fabrique, que nous reproduisons plus loin le *Veni Creator* a été entonné au pied de l'autel par M. l'Archidiacre. L'hymne liturgique terminé, M. Daniel a lu la profession de foi, prescrite par le Rituel, et après avoir ouvert le tabernacle, a été conduit successivement à la porte de l'église aux fonts baptismaux, au confessionnal, à la chaire, et enfin à la stalle qu'il doit occuper.

M. l'abbé Moret est alors monté en chaire et a prononcé une allocution, d'une inspiration aussi élevée que délicate, dont nous nous félicitons de pouvoir offrir à nos lecteurs le texte intégral.

Après l'évangile de la grand'messe qui a suivi l'installation, M. l'abbé Daniel s'adressant à son tour à ses paroissiens, les a captivés par les accents de sa parole si chaleureuse et si vivante : nos lecteurs, en lisant aussi cette page éloquente, comprendront quel souvenir délicieux la fête religieuse du 25 septembre a laissé dans l'esprit de ceux qui y ont assisté, et avec quelle confiance il nous est permis de souhaiter à M. l'Archiprêtre de

Coulommiers l'accomplissement des désirs de son cœur sacerdotal.

Allocution de M. le Président du Conseil de fabrique.

Monsieur le Curé,

Au nom du Conseil de fabrique de l'église Saint-Denis de Coulommiers, au nom de la population de cette paroisse qui se presse en foule pour recevoir son nouveau pasteur, j'ai l'honneur de vous souhaiter la bienvenue.

Comme votre prédécesseur de pieuse mémoire, c'est au doyenné voisin de la Ferté-sous-Jouarre, qu'est allée vous trouver la distinction qui vous élève à l'archiprêtré de notre ville, et comme lui aussi, vous laissez dans cette belle paroisse de profonds, d'unanimes regrets. L'écho en est venu jusqu'à nous monsieur le Curé; il éveille dans nos cœurs une respectueuse sympathie, et à l'heure solennelle où vous franchissez, pour en prendre possession, en vertu de votre nouveau titre, le seuil de notre vieille église, je suis heureux d'être ici l'interprète de ce sentiment.

Allocution de M. l'abbé Moret, vicaire général.

Mes Frères,

Je ne veux ajouter qu'un mot à la cérémonie qui vient de s'accomplir sous vos yeux, et dont votre piété a suivi si attentivement les détails. Je viens vous dire qu'au nom de Monseigneur l'Évêque de Meaux et en vertu des pouvoirs que je tiens de Sa Grandeur, j'ai déclaré Monsieur Daniel, précédemment curé-doyen de La Ferté-sous-Jouarre, régulièrement et canoniquement investi du titre et des fonctions de curé-archiprêtre de Coulommiers, en remplacement de M. Auguste Jarry, décédé dans la paix du Seigneur le 22 juillet dernier.

Je n'ai pas à vous rappeler les mérites du digne archiprêtre que vous venez de perdre. Vos cœurs chrétiens l'avaient trop bien apprécié pour qu'il soit possible de vous apprendre sur ce point quelque chose. Nous l'avons vu zélé pour son église et dévoué pour sa paroisse; il était de ces hommes bons et compatissants dont, selon l'expression de nos Saints Livres, les vertus ne connaissent point de défaillances. *Hi viri misericordiæ quorum pietates non defuerunt*. Depuis douze ans seulement qu'il occupait ce poste de choix, il avait jeté au milieu de vous de profondes racines, dont sa modeste ingénuité ne soupçonnait pas l'étendue;

il a fallu que la mort, cette grande révélatrice, vint nous montrer toute une cité en deuil faisant à sa dépouille mortelle un cortège de prière et d'honneur!... Et puis ne nous semble-t-il pas entendre encore les éloges si vrais, prononcés ici même au jour des obsèques de notre cher défunt et aussi les paroles non moins émues recueillies là-bas, à ce champ du repos qui a conservé — malgré tout — le nom dont l'Eglise l'a baptisé, celui de « cimetière » qui signifie « dortoir », afin de nous rappeler sans cesse qu'après y avoir dormi leur dernier sommeil, les élus du Seigneur se lèveront pour l'éternel réveil des Cieux. *Surgite mortui.* Cette grande pensée est notre force, à nous, mes Frères qui, dociles à la recommandation de l'Apôtre, ne sommes pas comme ceux qui n'ont point d'espérance. *Sicut et cæteri qui spem non habent.* Oui, si pour un monde profane mourir c'est quitter la terre, aux yeux des fidèles chrétiens, mourir c'est aller au ciel.

Il me semblait, mes Frères, que je devais ce suprême hommage à M. l'abbé Jarry, ainsi qu'à son honorable famille; et j'aurais craint que votre religion m'en eût voulu de le passer sous silence.

Mais la vacance de la paroisse de Coulommiers ne pouvait se prolonger davantage. De nouvelles générations sacerdotales sont toujours là pour remplacer les anciens du sanctuaire glorieusement tombés — *pro patribus tuis nati sunt tibi filii* — et pour entretenir ainsi, à travers les siècles, l'éternelle jeunesse de l'Eglise de Dieu... Aux tristesses du passé succèdent les joies de l'heure présente, et vous êtes venus saluer votre nouvel archiprêtre, sur lequel, j'en ai l'absolue confiance, vous avez déjà reporté toutes les sympathies réservées au bon Pasteur.

Comme cet invité dont parle l'Evangile de ce jour — seizième dimanche après la Pentecôte — M. Daniel a entendu son vénérable Evêque lui dire: Mon ami, montez plus haut. *Ascende superius.* Son départ, je le sais, ne s'est pas effectué sans quelques déchirements Il avait semé sur cette terre de La Ferté-sous-Jouarre plus d'une œuvre qui fleurira sans lui. Mais les séparations, c'est la vie, cette vie d'un jour qui nous est faite! Et, Monsieur le Curé, s'il pouvait m'être permis de rouvrir la blessure de votre piété filiale, je devrais parler aussi d'une autre tombe à peine fermée, et évoquer l'image d'une mère qui a été comme votre seconde providence, et qui semblait n'exister que pour vous. C'est loin de son tombeau que vous aurez à continuer votre pélerinage d'ici-bas... mais sa mémoire vous accompagne; comme on raconte de l'illustre fils de sainte Monique, qu'il retrouvait vivante la pensée de sa mère partout où il pouvai monter au saint Autel et prier pour elle.

Quant à vous, mes Frères, vous avez vu tout à l'heure Monsieur l'Archiprêtre traverser cette église séculaire dont il devient le chef et le gardien. C'est ici que les âmes fidèles viendront se ranger sous son autorité, et suivre à la trace de ses pas la voie qui mène à Dieu. Nous n'avons pas ici-bas de demeure permanente, elle est au ciel; mais ce sont les églises de la terre qui, avec leurs pures et consolantes solennités, nous en offrent la plus fidèle image.

De là, il s'est dirigé vers l'autel. C'est un jour au pied de l'autel qu'il a immolé sa vie pour le salut de ses frères; et cette émotion du temps passé semble revivre toute entière pour le prêtre chaque fois qu'il approche de l'autel du Dieu qui réjouit la jeunesse, qui réjouit tous les âges. C'est à l'autel, qu'héritier du sacerdoce de Jésus-Christ, il consacre le corps du Sauveur; c'est là qu'il renouvelle ce mystère ineffable que saint Bernard dans sa langue extatique appelle le sacrement des sacrements et l'amour des amours; c'est de là qu'il distribue à toutes les âmes de bonne volonté leur divine nourriture! C'est aussi au cœur du Dieu du tabernacle qu'il confie ses joies comme ses douleurs, ses épreuves comme ses espérances!

Puis, il a récité la formule de notre foi et la publique profession de la doctrine chrétienne. Ah! Monsieur le Curé, ayez confiance. Dieu a béni votre soumission sans bornes à notre sainte mère l'Eglise et à ses célestes enseignements. Votre attachement au Pontife suprême, votre docilité envers votre Evêque sur un mot duquel, comme autrefois saint Pierre, vous êtes venu jeter dans cette excellente ville vos filets d'apôtre, sont pour vous la garantie de mystiques triomphes. *Vir obediens loquetur victorias.*

Il a été ensuite aux fonts baptismaux, où se conclut la première alliance du ciel avec la terre, où les enfants des hommes deviennent les enfants de Dieu et les héritiers de l'éternel séjour; au tribunal de la Pénitence, où le prêtre sanctifie le juste et absout le pécheur, où il donne la paix aux âmes et les transfigure; enfin dans cette chaire, de laquelle il parlera au peuple chrétien. A la suite de saint Paul, son patron et son modèle, il ne voudra enseigner que Jésus et sa Croix, et aussi les miséricordieuses bontés de la Vierge Immaculée que, du haut de cette même Croix, le Sauveur nous a donnée pour Mère. Le curé de Coulommiers faisait hier la veillée de ses nouvelles armes en la fête et sous les auspices de Notre-Dame de la Merci. O Vierge Marie, bien plus qu'à l'époque où votre appel se faisait entendre pour l'affranchissement des captifs, un dur esclavage pèse aujourd'hui sur le monde. L'enfer multiplie ses pièges et ses séductions, des doctrines perverses asservissent l'esprit des peuples, venez au secours de tant d'âmes plus oublieuses que rebelles et à qui, par votre maternelle intercession, il sera beaucoup pardonné.

Ajouterai-je que pour remplir ce religieux programme, votre nouveau curé fera briller ici, comme il l'a fait ailleurs, toutes les qualités du prêtre et du pasteur. Tout ce qui constitue la vie paroissiale, les œuvres qui en sont l'épanouissement, lui sont choses familières; il excelle en chacune d'elles. Il vient parmi vous se dépenser pour la gloire de Dieu et le salut des âmes; et le prêtre qui apporte à une paroisse les trésors de sa foi et de son Dieu, en sera toujours le premier bienfaiteur. Vous trouverez en lui ce zèle qui se multiplie pour être tout à tous; cette indulgente charité qui ne s'étonne d'aucune défaillance; cet oubli de soi-même qui garde pour devise le mot admirable de saint Vincent de Paul : « Moins il y a de l'homme dans les affaires, plus il y a de Dieu. »

Et maintenant, mes Frères, il ne nous reste plus qu'à supplier l'Auteur de tous dons parfaits de confirmer ce qu'il commence si bien en ce jour. *Confirma hoc Deus quod operatus es in nobis.* Votre archiprêtre rencontrera dans cette paroisse des auxiliaires prêts à se perfectionner à son école; un Conseil de Fabrique aussi intelligent que dévoué et dont l'esprit de Dieu inspire tous les actes; une élite de chrétiens vaillamment affermis dans la foi et les œuvres; des administrations bienveillantes; des maisons d'éducation prospères; diverses associations catholiques, et aussi ces congrégations religieuses dont les membres mettent en commun, non pas les richesses de la terre, mais leurs désirs de sanctification au bien de tous.

Mais, mes Frères, je n'ai déjà que trop parlé. Je sens combien il vous tarde de recueillir les prémices de la parole de M. le Curé de Coulommiers. Bientôt vous allez l'entendre, et je n'ai plus qu'à me taire devant lui.

⁂

Allocution de M. l'abbé Daniel, curé-archiprêtre de Coulommiers.

Mes bien chers frères,

Permettez-moi de remercier d'abord M. le Vicaire général, des paroles si bienveillantes qu'il a daigné m'adresser. M. l'archidiacre de Brie s'est souvenu des jours déjà lointains où j'avais la joie de commencer près de lui l'apprentissage du saint ministère. Il m'a été donné alors de contempler de salutaires exemples, de recevoir d'inoubliables conseils. C'est par là que je vaux, si je vaux quelque chose.

Mes bien chers frères,

La Sainte Écriture parle d'un peuple dont la vie se résume en deux mots : *Obedientia et dilectio.* Obéissance et charité. C'est la devise de la tribu sacerdotale. Voilà toute notre force ; c'est de là que dépend l'efficacité de notre ministère.

I. — *Obedientia.* L'obéissance. — Dieu nous a appelés, il nous a choisis malgré notre indignité. Et nous avons répondu : *Ecce ego,* Seigneur me voici ! Que dois-je faire ? Et le Seigneur a dit à chacun de nous : « Enfant, tu prendras les rayons de ma vérité pour éclairer les intelligences par la prédication de la parole sainte. Tu monteras à l'autel pour faire tomber la foudre sur la matière de l'Eucharistie et changer le pain et le vin en mon corps et mon sang. Tu feras passer sur les âmes le souffle de ma miséricorde et la poussière impure du péché disparaîtra pour laisser briller la beauté de ma grâce sanctifiante. Mon Dieu ! mais tout cela n'est pas de l'homme ! Et comment pourrai-je produire toutes ces grandes choses ? Je ne suis qu'un pécheur et je donnerai la sainteté. Comme le prophète, c'est à peine si je sais balbutier quelques syllabes de la langue humaine, et il faudra que je dise des mots divins ! Et le Seigneur a dit encore : « Aie confiance, je serai avec toi. »

Plus l'homme sait se faire petit dans la main du Bon Dieu, plus il devient l'instrument de ses miséricordes. Plus il s'abaisse et plus ses œuvres le glorifient. Les conditions du succès dans les entreprises surnaturelles ne ressemblent pas à celles que demandent les hommes pour réussir dans les choses de la terre. Pour que le prêtre fasse du bien, il suffit qu'il ne soit rien à ses propres yeux et qu'il se laisse conduire où Dieu le mène.

Voilà, mes frères, ce que je suis pour vous. Je n'ai point d'autres titres qui m'accréditent auprès de vos âmes.

II. — Homme d'obéissance, le prêtre est encore et surtout l'homme de la charité. *Obedientia et dilectio.*

Il aime passionnément Notre-Seigneur. Le curé vient dans une paroisse pour être le serviteur et l'ami du Sauveur Jésus. C'est lui qui est officiellement chargé de tenir compagnie au prisonnier du tabernacle. Son bonheur c'est de contribuer à entretenir dans l'habitation de l'Emmanuel, la décence et la splendeur si c'est possible. Maintenir, défendre les droits imprescriptibles du Christ, c'est la mission que chaque prêtre doit remplir dans la plus humble sphère où il plait à la bonté divine de le placer.

La passion du prêtre, ce sont les âmes. Les sauver toutes, les conduire à Dieu, c'est son ardent désir. Pour arriver à cette fin sublime, il donnera tout ce qu'il possède et tout ce qu'il est. *Impendam et superimpendar.*

La raison de cette tendresse sacrée du prêtre pour ses frères, c'est qu'il retrouve en eux l'image adorable de son Jésus.

Et comme, parmi les hommes, il en est qui ont l'insigne honneur de porter à un plus haut degré cette divine ressemblance, ils seront les préférés du prêtre.

Il donnera tous ses soins à l'éducation religieuse des petits enfants.

Le presbytère sera pour Notre-Seigneur le tabernacle du dehors, toujours ouvert pour recevoir les pauvres.

Partout où il y aura une souffrance, physique ou morale, on verra accourir le prêtre apportant les consolations inépuisables de sa charité et le secours plus précieux des divins sacrements.

Voilà, mes frères, le grand secret du prêtre pour exercer en ce monde la plus heureuse influence, influence dont le démon ne s'accommodera jamais. On a parlé autrefois de pression cléricale. Il n'y a pas à le nier, elle existe. Elle date de loin. Saint Paul la connaissait bien. Cette pression part du cœur de Jésus. Elle nous pousse irrésistiblement, *Charitas Christi urget nos.* Nous la subissons à ce point que rien ne peut nous empêcher de marcher en avant. lorsqu'il s'agit de faire sentir aux pauvres cœurs humains les battements du cœur de Jésus. Menaces, persécutions, périls de tout genre, rien ne nous arrête dans l'accomplissement du précepte de la charité. Nous n'avons qu'une ambition, c'est que les anges, au terme de notre course, puissent dire de chacun de nous au Père des cieux : « Cet homme a fidèlement rempli le programme évangélique, il a traversé le monde en faisant le bien. » Que notre nom soit enseveli dans l'oubli! mais que le passant puisse lire sur notre tombe ces mots tracés par une main mystérieuse : « Ici repose celui qui a aimé ses frères » *Israël fratrum amator.*

III. — Obéissance et charité, c'est aussi votre devise, mes bien chers frères. J'ai entendu raconter votre zèle pieux à suivre les enseignements de vos pasteurs, et j'ai été le témoin ému des manifestations touchantes de votre affection reconnaissante, lorsque vous veniez verser des larmes avec des prières sur les restes mortels du prêtre éminent que le Pasteur des Pasteurs a voulu récompenser trop tôt au gré de votre piété filiale.

En succédant à ce digne curé dont l'éloge a été si bien fait par des voix autorisées, je me rassure d'avoir à recueillir un héritage redoutable pour ma faiblesse, par la pensée que dans une autre paroisse bien chère et que vous me permettrez de n'oublier jamais, j'ai sauvé mon inexpérience de nombreux mécomptes, en suivant pas à pas le chemin lumineux tracé devant moi par le vénérable Monsieur Jarry.

Pour ne pas m'égarer et pour vous conduire sûrement dans le sentier de la vertu et du bonheur, je n'aurai qu'à interroger vos souvenirs et les miens.

Des confrères aimés dont j'ai pu apprécier l'intelligence et le dévouement m'aideront à continuer au milieu de vous la tradition de leur père tant regretté.

Les chrétiens distingués qui après avoir servi la Patrie dans de nobles carrières se font ici un honneur de prendre en main les intérêts de l'Eglise, m'ont donné l'aimable assurance que je pouvais compter sur leur généreux concours.

Les communautés religieuses, qui sont pour la paroisse le plus riche trésor et pour le prêtre d'incomparables auxiliaires, me soutiendront par leurs prières et m'encourageront par leur mutuelle émulation dans le bien.

Toutes ces circonstances s'unissent pour ouvrir mon cœur à l'espérance.

Daigne le Seigneur ajouter encore à la première bénédiction!

Que l'illustre martyre honorée dans cette paroisse d'un culte plusieurs fois séculaire, intercède pour le nouveau pasteur et lui obtienne l'énergie des saintes immolations, de tous les sacrifices pour que son cher troupeau arrive heureusement au bercail de l'Eternité!

Que saint Denis patron de notre Eglise, saint Denis qui apporta à la France une bénédiction spéciale de la vierge Marie, veuille bien en ce jour réclamer de Notre Dame un regard de faveur pour la population si chrétienne de Coulommiers!

La Providence m'amène vers vous, mes chers frères, presqu'à la veille du mois du Saint Rosaire Oh! que mon âme, s'il plaît à Dieu, soit transpercée de cruelles épines! mais que j'obtienne, pauvre prêtre, pauvre enfant de Marie, l'art divin de vous faire aimer à tous le parfum des fleurs mystiques du Rosaire!

Puissé-je accroître dans vos cœurs la dévotion envers Marie immaculée! Ce sera pour moi la meilleure manière de servir la cause de Notre Seigneur; ce sera pour vous le moyen d'éviter tous les pièges que nous tend la malice de l'enfer, le moyen de rester purs comme des colombes, suivant votre gracieuse devise, et de vous envoler un jour, avec le verdoyant rameau de l'espérance vers l'arche du paradis.

*
* *

Et maintenant, il nous est doux, de laisser, dans cette notice la place, à M. le Chanoine Barbier, doyen de Nemours, qui fut un de ses plus fervents admirateurs, et un de ses plus grands amis :

Le Seigneur s'était plu à orner l'âme de M. Daniel des dons les plus variés et les plus complets. Quelle riche nature! quelle belle intelligence ! quel noble cœur!

Chacun aimait « le cher abbé Daniel », comme on l'appelait de préférence; tous appréciaient ses qualités vraiment supérieures; mais on admirait davantage encore ses vertus sacerdotales. La *Semaine religieuse* doit faire respirer à ses lecteurs le parfum de cette belle vie. Nous jetterons un coup d'œil d'ensemble sur l'existence du pieux défunt comme *séminariste*, comme *vicaire*, comme *curé*.

Le séminariste. — Paul-Albert Daniel naquit à Montereau-fault-Yonne le 6 janvier 1848. Un vicaire, M. Puyo, aujourd'hui chanoine titulaire de Meaux, lui conféra le sacrement de baptême. Dès son plus jeune âge, Paul donna des marques de la plus vive intelligence; mais à l'encontre de ces « petits prodiges » qui, fleurs trop tôt écloses, ne parviennent pas à s'épanouir entièrement, son adolescence et son âge mûr ont tenu et dépassé les promesses de son enfance. Ses parents, qui vivaient de leur aiguille, ne tardèrent pas à confier leur fils fort pétulant aux bons frères des écoles chrétiennes.

C'était encore l'époque où, dans notre France, les communes s'estimaient heureuses d'obtenir des maîtres et des maîtresses congréganistes pour les classes primaires. Pourquoi n'en est-il plus ainsi? Notre pays y a-t-il gagné, même au point de vue de l'instruction? Les faits répondent assez à ces questions.

Sous la direction des disciples du bienheureux de la Salle, ces éducateurs sans pareils que personne n'oserait plus taxer d'ignorantins, le petit Monterelais Daniel fit les progrès les plus rapides. C'était un écolier fort espiègle, mais travailleur assidu. Déjà se manifestait en lui cette vive piété qui sera l'un des traits caractéristiques de son attrayante physionomie. Sur les bancs il se lia avec un compatriote qui devint prêtre avant lui, fut son collègue dans le vicariat de la cathédrale, et son successeur dans sa première paroisse. Car cette bonne ville de Montereau a produit beaucoup d'excellents prêtres; citons parmi ceux que notre diocèse possède heureusement encore : M. Thomelin, chanoine titulaire, M. Bobard, curé du Mée; M. Louis Bobard, doyen de la Ferté-sous-Jouarre; M. Fournier, curé de Bois-le-Roi.

Avec sa générosité naturelle, M. Daniel conserva pour ses maîtres une estime que les années n'amoindrirent pas. Son cœur le poussait vers eux, partout où il les apercevait. A Coulommiers, où les frères furent si populaires jusqu'à la laïcisation, il nourrissait le projet de les ramener; la mort ne lui en a pas laissé le temps.

Au jour même où Mgr Allou, de douce mémoire, le marqua du chrême de la confirmation, cet adolescent, en rentrant sous le toit paternel, déclara qu'il voulait aller au séminaire. Le Christ Jésus avait jeté sur lui uu regard de bienveillance, et dans le secret de son cœur lui avait dit : « Tu seras mon prêtre! » Après l'avoir admis à la première communion, le vénéré curé de Montereau, M. Bourgoin dont le souvenir est toujours vivant dans la paroisse où il exerça le saint ministère pendant plus de soixante ans, chargea l'un de ses vicaires, M. Lebrun, d'apprendre à cet enfant d'élite les éléments du latin.

A ce moment, un prêtre nouvellement ordonné vint chanter sa première grand'messe à Montereau, son pays d'adoption, et faire ses débuts dans la prédication. Le bon M. Bourgoin, ayant oublié quelque objet dans la chaire, chargea l'enfant de chœur Daniel de monter le chercher. Il avouait joyeusement plus tard qu'il avait éprouvé une véritable frayeur à se voir si haut : il ne se doutait pas qu'il occuperait cette place élevée avec tant d'aisance.

Admis au petit séminaire de Meaux, Paul Daniel fut toujours en tête de ses condisciples, mais jamais il ne fit sentir à aucun d'eux la supériorité de son intelligence. Aussi bon camarade qu'excellent élève, il était encore plus aimé qu'admiré. Pétillant d'esprit, et plein de malice s'il lui échappait quelque mot caustique, il réparait son tort avec tant de bonne grâce qu'on ne pouvait lui garder rancune.

Ce fut avec joie que ce brillant rhétoricien revêtit l'habit ecclésiastique pour entrer au grand séminaire. Il était enfin dans le milieu que son âme avait toujours désiré, avec la perspective du sacerdoce après lequel il aspirait de toute l'ardeur de ses vœux. Une sage direction adoucit ce que son tempérament exubérant avait de contraire à la gravité lévitique. En même temps, il se prépara par des études solides de philosophie et de théologie à la mission qu'il ambitionnait. Ses professeurs, les prêtres de la Mission, ne savaient qu'apprécier le plus : son ardeur au travail ou sa naïve dévotion. L'abbé Daniel fut très reconnaissant de leurs soins affectueux, surtout envers le vénérable supérieur. Sa digne mère. M. Bourgoin, curé de Montereau, M. Girard, supérieur du grand séminaire, furent constamment pour lui l'objet d'un culte filial.

Le vicaire. — Le 30 juillet 1871, l'abbé Daniel reçut la prêtrise avec six autres diacres (1) : sur les dalles du sanctuaire, il sentit le tressaillement généreux d'un cœur résolu à se dévouer entièrement au bien des âmes. Bien qu'il n'eût pas encore vingt-quatre ans, Mgr Allou, appréciateur du mérite, le désigna pour le vicariat de la cathédrale, en remplacement de M. Thibault, nommé curé de Gouvernes. Le nouveau prêtre n'avait qu'à gagner pour le développement de ses qualités naturelles, au contact du clergé paroissial de Saint-Etienne : le curé M. Alips, déjà septuagénaire, était un esprit cultivé ; ses deux premiers vicaires, M. Moret et M. Dumaine, ecclésiastiques exemplaires étaient de fins lettrés. En outre, la paroisse secondaire de la ville épiscopale, Saint-Nicolas-Sainte-Céline, était dirigée avec sagesse par M. Lebrun qui jadis avait préparé le bouillant Monterelais au petit séminaire.

Bientôt se révélèrent dans le jeune vicaire les qualités oratoires qui devaient faire de lui un prédicateur hors pair dans notre région. L'abbé Daniel avait tout de l'orateur : le visage austère, le regard brillant, la voix ample et harmonieuse, le geste sobre et distingué, la diction scandée, une simplicité voulue, une noblesse naturelle de langage, et surtout la flamme intérieure, le *mens divinior*, la chaleur communicative. On devinait en lui des convictions ardentes et le désir de les communiquer à ses auditeurs. A certains moments, il y avait dans sa voix des accents, des éclats qui pénétraient les âmes et les retenaient haletantes. Traitant la parole de Dieu avec le respect dont nul n'a le droit de se départir, il s'y prépara toujours soigneusement, malgré sa grande facilité d'élocution et la richesse de son fond : au travail quotidien, il

(1) MM. Charpentier, Gripoix, Jamais, Parâtre, Pernet, Sdilon.

joignait la prière. Toujours humble au milieu de ses succès. Ce prédicateur d'avenir supportait avec peine les compliments ce qu'il recherchait, c'étaient des conversions et non pas des félicitations.

Il ne bornait pas son rôle à la prédication. L'abbé Daniel était né prêtre; le sacerdoce était son élément, mais pour le ministère paroissial. Le zélé vicaire en remplit les devoirs multiples, avec la conscience qu'il apportait à toute chose.

Quel entrain il mettait dans les catéchismes! Quel intérêt il répandait dans des séances parfois un peu longues! Comme son âme se déversait en ces jeunes cœurs dans lesquels il s'efforçait de former le Christ!

Et les malades! Avec quelle assiduité compatissante, ce prêtre selon le cœur de Dieu les visitait! On le rencontrait rarement chez lui; il était chez les paroissiens.

Et les ouvriers! Cet homme si prodigue de son temps et de sa personne, semblait leur réserver le meilleur de son cœur : il était attiré de préférence vers la classe laborieuse, et surtout vers les pauvres; il leur distribuait des secours, sans compter avec ses ressources. Plus d'une fois, il lui advint de tromper la vigilance maternelle, et de dérober les provisions faites pour ses repas, afin de les porter aux indigents.

A Meaux, la cathédrale possède dans sa circonscription une chapelle vicariale située dans un quartier séparé de la ville par la Marne : c'est le Marché qui compte deux à trois mille habitants. M. Daniel en fut chargé : ce fut pour lui comme sa paroisse; il la garda même quand il fut premier vicaire. Il laissait rarement passer un jour sans y paraître, caressant les enfants, entretenant les ouvriers, ornant la chapelle, exerçant des chanteurs; en un mot répandant autour de lui la bonne odeur de Jésus-Christ.

Pour suffire à tant d'occupations, il se refusait toute vacance. C'est ainsi qu'il commença à user ses forces avant le temps, se donnant tout à tous, mais manquant de prudence en bravant toutes les fatigues, et en écourtant son repos.

Plusieurs lui ont fait un grief de certaines vivacités de parole que l'indignation lui arrachait, quand il voyait la religion attaquée; mais il s'expliquait avec ses contradicteurs avec tant d'esprit et de cordialité que ses adversaires d'un moment devenaient ses amis. Il avait l'âme profondément catholique : les assauts contre les droits de l'Église le révoltaient; toute insulte à Dieu, toute infraction à sa loi le navrait, et sa figure se contractait de douleur.

Le curé. — Plus de quatorze ans s'étaient écoulés dans les labeurs de ce ministère aussi actif que fructueux. Le vicaire de la cathédrale s'était acquis l'estime universelle par sa parfaite tenue non moins que par son talent hors ligne. L'abbé Daniel était dans la plénitude de ses admirables qualités : l'administration diocésaine ne pouvait le laisser plus longtemps dans un poste secondaire, si honorable qu'il fût. Mgr de Briey, qui depuis dix-huit mois avait succédé de plein droit à Mgr Allou dont il avait été le coadjuteur pendant quatre ans et demi, le nomma curé-doyen de la Ferté-sous-Jouarre.

M. Bernard, vicaire général, qui avait résigné son titre d'archidiacre pour remplacer comme curé de la cathédrale M. Alips mort plus qu'octogénaire, avait grandement apprécié les services que son premier auxiliaire rendait à son importante paroisse : tout en regrettant de le perdre, il applaudit à sa promotion et alla s'installer le 17 janvier 1886. Après avoir entendu le discours d'installation du récipiendaire, les Fertois résumèrent ainsi leur impression : « Nous avons un pasteur qui a un grand cœur; sa parole émeut profondément ». Continuant le bien opéré par ses prédécesseurs immédiats MM. Jarry et Darras, devenu celui-là archiprêtre de Coulommiers et celui-ci archiprêtre de Melun, ce jeune doyen de trente-huit ans se dépensa sans mesure sur le nouveau théâtre ouvert à son zèle, et conquit tout de suite la confiance. Son désintéressement et sa charité, sa piété et son éloquence lui valurent l'admiration de ses paroissiens, fiers que Mgr l'Évêque leur eut donné pour guide la perle de son clergé.

L'actif curé ne profita de cette influence que pour porter à Dieu tous ceux qui subissaient le charme de sa personne et l'ascendant de ses vertus. En même temps il entretenait dans les âmes pieuses, encore plus par ses exemples que par ses conseils, la vie surnaturelle. Un des moyens qui lui semblait le plus efficace était la dévotion à la sainte Vierge que, en imitation de M. Bourgoin, doyen de Montereau, il appelait « la bonne Mère ». Aussi avec quel empressement il participa aux pèlerinages du diocèse de Meaux à Notre-Dame de Lourdes ! Ces lointaines pérégrinations furent ses seuls voyages. Les organisateurs mirent naturellement à contribution son talent de parole et sa bonne volonté : il était heureux, d'ailleurs, de chanter les louanges de la Vierge immaculée, et on lui réserva de le faire en plein air devant la grotte des dix-huit apparitions. Il y vint trois fois avec le diocèse, sous la haute présidence de Mgr de Briey, en 1883, en 1885, en 1891. Chaque fois il prêcha dans un langage dont la noble simplicité rehaussait les belles pensées, avec tant d'ardeur et d'onction que le supérieur des missionnaires de Lourdes disait : « Depuis plus d'un an, je n'ai pas entendu de discours qui vaille celui-là » Au pèlerinage de 1891, l'orateur aimé de la ville et du diocèse de Meaux était, depuis cinq ans déjà, doyen de la Ferté-sous-Jouarre ; deux ans auparavant Mgr l'Évêque l'avait nommé chanoine honoraire en même temps que M. Petithomme, doyen de Nangis. Devant un immense auditoire il se surpassa, car son talent grandissait avec les années bien qu'il fut absorbé par ses obligations pastorales. Hélas ! combien il va manquer au quatrième pèlerinage qui partira la première semaine de septembre ! Il se réjouissait tant d'y conduire en grand nombre ses nouveaux paroissiens !

Ces sermons de Lourdes ont été imprimés, ainsi que plusieurs autres ; mais dépourvues de la chaleur qu'y mettait le prédicateur, ces paroles ardentes arrivent aux lecteurs « froides et décolorées comme les feuilles mortes que soulève le vent d'automne » (1).

En rentrant à La Ferté-sous-Jouarre, après le pèlerinage de 1891, M. Daniel parvint à créer, grâce à de précieux concours, une école libre de filles, qu'il plaça sous le vocable de Ste-Céline, la douce patronne de Meaux.

Peu de temps après, une angoisse terrible le saisit au cœur. Il avait eu la joie d'avoir avec lui depuis son sacer-

(1) R. P. Lacordaire.

doce ses respectables parents : son père était mort à Meaux, il lui restait sa mère, devenue plus qu'octogénaire. Comme un grand évêque de notre époque, le cardinal Pie, dont il rappelait la mâle et substantielle éloquence, M. Daniel était un fils modèle. Il entourait sa mère d'une confiance, d'une vénération et d'une tendresse croissante ; il n'eut pas de plus grande affection en ce monde. Si la piété filiale ne l'eût retenu près d'elle, il serait certainement entré dans une congrégation religieuse. Quand il la sut frappée gravement, il ne quitta plus son chevet, et eut la douleur de la perdre au mois de mai 1892. Avec Mgr Pie, il aurait dit : « Tout fils se croit jeune aussi longtemps qu'il voit sa mère à ses côtés; du moment où il l'a perdue, la vieillesse commence et se précipite ». M. Daniel n'en était pas là, puisque à cette époque il n'avait pas quarante-cinq ans. Néanmoins il sentit atteint en lui-même le principe de vie, et annonçait à ses confidents qu'il ne vivrait guère plus de deux ans. Mais dans cet homme énergique il y avait selon le mot de Bossuet, « une âme maîtresse du corps qu'elle anime ». Le pasteur n'en mit que plus d'activité à son ministère, comme pour multiplier le bien pendant la courte période qui lui restait.

Sur ces entrefaites, le docte et pieux M. Jarry, qui avait porté les lumières de son esprit et les richesses de son cœur du doyenné de la Ferté-sous-Jouarre à l'archiprêtré de Coulommiers, fut enlevé rapidement à l'affection des paroissiens qu'il dirigeait depuis treize ans passés. Pour les consoler Monseigneur leur envoya M. Daniel. De mémoire d'homme, la paroisse de Coulommiers a été, selon une auguste parole, « administrée par des prêtres de grande vertu et de grand mérite ». Le pontife désirait qu'il en fût encore ainsi.

Cette translation fut un véritable sacrifice pour le doyen de la Ferté. Cette âme délicate s'attachait complètement. Il lui en avait coûté beaucoup de quitter la ville épiscopale; il évitait d'y retourner, parce que, disait-il, avec son tour d'esprit charmant : « Quand je vais à Meaux, je suis comme un oiseau qui ne retrouve plus son nid ; j'ose à peine entrer dans cette bonne vieille cathédrale qui me rappelle tant de souvenirs ». Mais il fallait bien devenir curé. A la Ferté il désirait séjourner jusqu'à sa mort. Ce prêtre qui, même aux plus hauts sommets de la hiérarchie ecclésiastique, n'aurait pas été au-dessous de sa tâche, était dépourvu d'ambition; il ne demandait que l'oubli. Cependant toujours homme d'obéissance, il accepta, non sans larmes.

M. Moret, archidiacre de Brie, vint installer à Coulommiers son ancien collègue dans le vicariat de la cathédrale. Les abonnés de la *Semaine religieuse* ont goûté le charme des deux discours prononcés à cette occasion, le 25 septembre 1892. Les anciens paroissiens de M. Jarry apprécièrent sans retard son successeur, et sentirent que la magnificence de son langage cachait un apôtre ayant une grande passion, celle des âmes. Ils le virent à l'œuvre, trop peu de temps hélas! car ce pasteur modèle leur fut plutôt montré que donné. *Magis ostensus quam datus*, et cependant que de bien opéré dans ce trop court espace de vingt-trois mois à peine!

Bientôt M. Daniel donna des signes d'excessive fatigue, il n'en tint aucun compte et se prodigua plus que jamais. Les solennités de la première communion, de la confirmation, de l'adoration perpétuelle achevèrent de l'épuiser.

A l'issue de cette dernière fête, il parut en chaire et, dans une improvisation vibrante, salua la mémoire du Président de la République assassiné trois jours auparavant; il trouva sur le rôle de l'Eglise dans ces terribles circonstances des aperçus qui tirèrent des larmes à plusieurs hommes présents : ce fut le chant du cygne. Le lundi 2 juillet il eut beaucoup de peine à terminer la sainte messe, et réclama l'aide de ses vicaires pour retourner au presbytère. Il prit le lit et ne le quitta plus. Mais, pendant près de six semaines, quel admirable spectacle offrit ce pieux malade! Quelle patience dans ses horribles souffrances! quelle résignation à la volonté de Dieu! quelle gratitude pour les moindres services! quelle piété touchante! Ses vertus resplendirent malgré lui, avec « ce je ne sais quoi d'achevé » que donnent les lueurs suprêmes d'une vie qui s'éteint. « Cet homme ne vit que par l'âme »! disait son médecin. Sa faiblesse fut tellement grande du premier coup que son confesseur lui proposa les derniers sacrements : il les reçut avec la dévotion et la foi la plus émouvantes. « Mon sacrifice est fait, répétait-il; quand Dieu voudra ! » D'ailleurs, ce moribond aspirait à quitter la terre; il avait la nostalgie du ciel. La Faculté jugea nécessaire de le soumettre à une opération difficile; malgré sa répugnance, il s'y résigna, sans se faire d'illusion sur le résultat. Pendant l'opération faite en pleine nuit, l'église était remplie de paroissiens priant pour un pasteur tant apprécié, et dès le lendemain des offrandes généreuses couvrirent les honoraires dus aux chirurgiens. Ses forces défaillantes ne permirent pas au doux patient d'admettre tous ceux qui auraient désiré pénétrer auprès de sa couche, et cependant il était sensible aux attentions de chacun. Il fut très touché de la lettre si paternelle et si affectueuse que lui écrivit son évêque, et, toujours humble, il chargea le Supérieur du grand séminaire de demander pardon à Monseigneur et aux dignitaires du clergé meldois des peines qu'il avait pu leur causer. Aussi, quand notre pontife apprit l'état désespéré de l'archiprêtre mourant, il ne put retenir des larmes de regret, à la pensée de la perte que son diocèse allait faire.

Le dimanche 12 août tout fut consommé, M. Daniel expira doucement dans l'après-midi, laissant partout où il a passé des souvenirs impérissables.

* * *

Les obsèques furent fixées au jeudi 16 août; elles donnèrent lieu à une démonstration exceptionnelle d'estime, de vénération, de regrets. Cent vingt-cinq prêtres étaient accourus de tous les points du département : la difficulté des communications pour être à Coulommiers le lendemain matin d'une fête d'obligation en a retenu beaucoup d'autres. Un archidiacre (1), deux autres vicaires généraux (2), un chanoine titulaire (3), onze chanoines honoraires (4), quatre archiprêtres (5), quatorze

(1) M. Joiniot.

(2) MM. Bernard et Caussanel.

(3) M. Thomelin.

(4) MM. Bernard, Barbier, Rousseau, Dumaine, Darras, Petithomme, Colas, Bridou, Gatellier, Hébert, Legendre.

(5) Les archiprêtres de Meaux, Melun, Fontainebleau, Provins.

doyens (1), six curés titulaires (2), attestaient par leur présence que la mort si prématurée d'un tel prêtre était un deuil diocésain. Des députations étaient venues de Meaux, de la Ferté-sous-Jouarre et de Montereau.

M. Moret, archidiacre de Brie, retenu par la souffrance, avait délégué pour le remplacer M. Bernard, curé de la cathédrale, qui fit la levée du corps à dix heures précises. Derrière la bannière de la Sainte-Vierge entièrement voilée de crêpe, marchaient les enfants de Marie, les élèves des écoles libres, des religieuses de diverses congrégations. Puis venait cette affluence extraordinaire de prêtres telle que, de mémoire d'homme, on n'en a jamais vu à pareille cérémonie. Une délégation des sapeurs-pompiers escortait le char funèbre; les coins du poêle étaient tenus par le sous-préfet, le maire, un juge, le lieutenant-colonel, l'inspecteur des eaux et forêts et le président de la fabrique. Le deuil était conduit par le doyen de la Ferté-sous-Jouarre, légataire universel de son prédécesseur mort pauvre, et par la famille dans les rangs de laquelle on remarquait en uniforme le commandant Mary, parent de M. Daniel. Une foule à rangs pressés suivait avec émotion les restes mortels de cet homme de Dieu ; on y voyait des notables de tous les environs.

Avant d'entrer à l'église voisine du presbytère, le cortège fit un assez long parcours à travers la cité : la population voyait avec tristesse passer une dernière fois ce pasteur si avenant, si cordial, qui tant de fois avait sillonné les rues, comme un père qui va vers ses enfants.

La messe fut chantée par l'archiprêtre de Meaux qui, après l'évangile, monte en chaire. Après avoir exprimé le regret de Mgr l'Evêque de n'avoir pu venir présider ce service funèbre, par suite d'une fonction pontificale annoncée depuis longtemps, M. Bernard adresse à l'assistance une émouvante improvisation partie du cœur.

(1) Les doyens de Nangis, Rozoy, Montereau, Voulx, Donnemarie Brie, Nemours, Mormant, Château-Landon, La Ferté-sous-Jouarre, Le Châtelet, Bray, Tournan, Lizy. Les doyens de La Ferté-Gaucher et de Rebais, dans l'arrondissement de Coulommiers, avaient été retenus par des services religieux.

(2) Les curés titulaires de Faremoutiers, Saint-Ayoul, Chaumes, Saint-Nicolas, Sourdun, Chenoise.

L'orateur met en relief les qualités, les mérites, les vertus, les talents du « cher abbé Daniel », et reproche à la mort de nous l'enlever au milieu de sa glorieuse carrière. *Siccine separat amora mors?* La plupart des auditeurs, prêtres et fidèles, versaient des larmes qui prouvaient combien le prédicateur traduisait leurs sentiments intimes.

Après le *Requiem* le cortège se dirige vers le cimetière nouveau, fort éloigné, et, malgré l'ardeur du soleil, les personnages qui tiennent les cordons du corbillard restent tête nue. Le corps est déposé, au milieu des gémissements et des sanglots, dans le caveau réservé aux prêtres, non loin de M. Desnoyers, dont la mémoire est toujours en vénération dans la contrée.

Une sorte de consternation régnait sur cette ville réduite, en deux années, à rendre les derniers devoirs à deux curés aussi marquants que MM. Jarry et Daniel. « Restés purs comme des colombes, selon la gracieuse devise de Coulommiers, ils se sont envolés certainement, avec le verdoyant rameau de l'espérance, vers l'arche du paradis (1) ».

A. Barbier,
Doyen de Nemours.

*
* *

Le commandant Gilles, président du Conseil de fabrique, se proposait de payer devant la tombe un tribut d'hom-

(1) M. Daniel eut comme vicaires MM. G. Goury et M.-P. Johnen, les deux derniers vicaires de M. Jarry.

Pendant les deux années que M. Daniel fut curé de Coulommiers, il eut la consolation de faire entrer au Petit Séminaire de Meaux, un enfant, originaire de Fourmies (Nord), mais venu très jeune à Coulommiers avec sa famille. Se sentant un vif attrait pour l'état ecclésiastique Gabriel Thouny, qui était élève externe du Collège de Coulommiers en fit la confidence à M. l'abbé Johnen, qui en était alors aumônier. Celui-ci, en fit part à son curé, qui bien volontiers ménagea son entrée au Petit Séminaire.

Du Petit Séminaire, il entra à Saint-Sulpice. A son ordination, il fut successivement professeur au Petit, puis au Grand Séminaire de Meaux. Il était très apprécié de ses directeurs de Saint-Sulpice et de ses collègues. Il donnait les plus belles espérances, quand il fut emporté en peu de temps, par un mal qu'on ne put conjurer.

mages au regretté défunt ; l'émotion ne lui a pas permis. La *Semaine Religieuse* se fait un devoir de publier ces paroles pleines de cœur :

Messieurs.

Au nom du Conseil de Fabrique, au nom de la paroisse entière, je viens adresser un dernier adieu à notre vénéré pasteur, M. l'Archiprêtre Daniel, prématurément enlevé à notre affection.

Près de ce cercueil, une douloureuse émotion m'étreint et m'interdit un long discours. Aussi bien, quel plus bel éloge que les larmes de cette foule en deuil, attestant combien est grande, combien est profondément ressentie la perte que nous venons de faire !

Et quel panégyrique ne risquerait de rester au-dessous d'un tel sujet?

Un prêtre éminent a passé parmi nous. Comblé par Dieu de tous les dons de la nature, de l'âme, de l'intelligence et du cœur, il les a dépensés avec ardeur pour Dieu dans toutes les œuvres de la piété et de la charité chrétiennes.

Ses mérites qui eussent suffi à l'illustration de plusieurs laissent dans le cœur de tous ceux qui l'ont connu un souvenir impérissable. Pendant de longues années sa vie n'a été qu'un sacrifice de tous les instants pour son devoir apostolique, et il est tombé sous nos yeux au champ d'honneur du dévouement!

Dieu, qui n'a pas accordé à nos prières le miracle de sa guérison, ne refusera pas à ce ministre qui l'a si ardemment aimé et servi, la seule couronne qu'il ait ambitionnée, et cette conviction, Messieurs, sera, pour sa famille éplorée comme pour nos âmes chrétiennes, une suprême consolation.

Cher abbé Daniel, au nom de vos paroissiens qui unissent ici leurs regrets, au revoir!

53. — M. ALEXANDRE MARIANVAL
(1894-1908).

Le dimanche 21 octobre 1894 a eu lieu solennellement dans l'église de Coulommiers l'installation du nouveau curé-archiprêtre, M. Marianval.

La cérémonie commencée à dix heures précises a été présidée par M. Moret, vicaire général. M. Bernard, archiprêtre de la cathédrale de Meaux, et qui avait eu M. Marianval pour collègue dans le vicariat de Saint-Aspais de Melun, était venu lui donner un gage de vieille amitié en assistant à son installation. M. Thibault, supérieur de l'Ecole Saint-Aspais de Melun, autrefois condisciple du nouveau promu, était également présent.

Une assistance compacte remplissait l'antique église Saint-Denis de Coulommiers, dont la garde fut remise à celui qui en devenait le pasteur dévoué. Les prescriptions du Rituel à ce sujet furent religieusement suivies ; et le nouvel élu récita la profession de foi traditionnellement imposée à tous les ecclésiastiques ayant charge d'âmes.

M. le Curé de Coulommiers fut ensuite conduit à sa stalle, et M. Moret fit entendre du haut de la chaire une allocution de circonstance.

Après avoir exposé le sens et le but de la cérémonie, l'orateur ne pouvait se défendre d'évoquer le souvenir de M. Daniel dont la tombe est à peine fermée; et il le fit en ces termes.

«.... Il y a deux ans à pareille époque, je venais installer dans cette paroisse M. l'abbé Daniel, retourné pieusement à Dieu...

Tout vous a été dit sur les mérites de ce cher défunt, devant qui semblait s'ouvrir encore une longue et féconde carrière. Mais les desseins de Dieu ne sont pas ceux des hommes; et il a été moissonné avant l'heure. C'était un fruit déjà mûr pour le ciel. Il est tombé comme son prédécesseur — un vaillant lui aussi — à son poste de combat...

Mais si les hommes passent, l'Eglise demeure.... »

Puis vinrent quelques considérations élevées sur la sainte Eglise dont les générations humaines qui se succèdent tour à tour entretiennent l'éternelle jeunesse; et M. Moret présente à son auditoire M. Marianval. Il se gardera de lui infliger un éloge que d'ailleurs les faits proclament d'eux-mêmes, et après avoir indiqué son séjour de neuf ans à Saint-Ayoul de Provins, il ajoute : « Les pierres de l'église de Saint-Ayoul pourraient au besoin prendre une voix pour redire les industries et les activités de son zèle pour la Maison de Dieu.... Mais laissons le passé. C'est l'avenir avec ces longs espoirs que nous saluons en ce jour. Oui, le nouveau pasteur de vos âmes est le digne héritier de ses prédécesseurs, et il fera revivre parmi vous la tradition des Jarry et des Daniel.... »

M. Moret acheva cette allocution en adressant à tous ses meilleurs vœux.

M. le curé de Coulommiers chanta aussitôt la grand'-messe, et après l'évangile adressa à ses paroissiens un discours fait avec son cœur. Il adresse des remerciments dans lesquels il n'oublie personne; il expose sa mission qu'il sait comprendre en apôtre, il invoque le secours du ciel pour le ministère qui lui est confié....

Après la messe et pendant le reste de la journée, M. le Curé a été entouré par les fidèles chrétiens de Coulommiers. On sentait que la sympathique confiance de la paroisse était déjà reportée sur lui tout entière.

Notice biographique sur l'abbé Marianval (1)

Alexandre Marianval naquit le 2 janvier 1845, à Germigny-l'Évêque. Dans le cadre charmant du pays natal, il passa son enfance, trouvant au foyer familial de beaux

(1) Nous devons cette intéressante notice à la plume experte d'un vicaire, que M. Marianval a beaucoup apprécié et aimé, M. l'abbé Verchère, aujourd'hui économe à l'Institution St-Aspais de Melun.

exemples de vertu et de travail opiniâtre. Son père était charpentier de bateaux et rude ouvrier sur les bords de la Marne. Une sœur, quelques années après, lui fut donnée, pour devenir plus tard sa dévouée providence.

M. l'abbé Mathias, alors curé de Germigny, présida à l'instruction religieuse du jeune Alexandre, et ce fut grande joie au cœur de l'enfant pieux quand la première communion vint récompenser les efforts de son labeur docile. L'impression qu'il en reçut ne s'effaça jamais de son âme reconnaissante, et le crucifix que son curé lui donna en souvenir, une pauvre petite croix de bois, toujours précieuse et honorée, le suivit partout, jusque dans la tombe.

L'enfant était intelligent, d'un naturel tranquille et soumis. M. Mathias, sans but bien déterminé, le demanda à ses parents pour étendre son instruction au delà des limites des études primaires. Ensemble, maître et élève se penchèrent sur quelque vieille grammaire latine où s'étageaient les différentes formes de « *Rosa* ». Un jour, ils furent surpris par l'arrivée de M. l'abbé Paillard, un ami de M. Mathias. — « Vous préparez cet enfant pour le séminaire? » — « Non, je n'y songe pas, je le fais travailler un peu, tout simplement. » – « Mais pourquoi ne pas en faire un séminariste? » Pourquoi? On n'était pas riche, ni le bon curé, ni le brave charpentier! M. l'abbé Paillard résolut si généreusement la difficulé que, depuis cette entrevue, à l'ombre du clocher de Germigny, une vocation grandit, s'épanouit, fleur champêtre bénie de Dieu.

Le petit séminaire de Meaux reçut l'enfant qui ne tarda pas à se placer, par sa piété, sa docilité, son application, au premier rang des élèves modèles, Puis vinrent les années du grand Séminaire où le jeune lévite continua de progresser en science et en vertu. Ses confrères, malicieusement admirateurs, l'avaient surnommé : « le Père Bourdoise. » La jeunesse est coutumière de ces sortes d'éloges : volontiers frondeuse, elle s'amuse de la vertu en y applaudissant avec sincérité.

Le 29 juin 1869, l'abbé Marianval reçut l'onction sacerdotale et le lendemain, la petite église de Germigny, coquette et fière, prêta son autel pour la première messe du nouveau prêtre. Hélas! le bon M. Mathias n'était plus là, pour applaudir à la joie de son élève de jadis ; néanmoins, son successeur, M. l'abbé Binand fit grande fête à l'enfant de la paroisse.

Au jeune prêtre actif et pieux, il fallait un vaste champ à cultiver ; il fut envoyé le 8 juillet, comme vicaire, à la paroisse Saint-Aspais de Melun, dirigée alors par M. Laurent, auquel succéda l'année suivante le vénéré M. Desliens, remplacé lui-même, en 1874, par M. Thomelin. Dans ce premier poste, l'abbé Marianval travailla avec cette régularité, cette constance dans l'effort qui est toujours demeurée la caractéristique de son zèle calme, patient, mais inlassable. Onze années durant, l'église paroissiale, le collège, le pensionnat — si cher — de la Sainte-Enfance se partagèrent ses journées. et c'était l'étonnement de tous de le voir suffire à si lourde besogne. En 1880, M. Desliens, devenu archiprêtre de Fontainebleau, privé de M. Bernard, nommé vicaire général. réclama, comme premier vicaire, son ancien collaborateur de Saint-Aspais ; c'est dire en quelle haute estime il le tenait. Le vicariat de Fontainebleau fut moins fatigant pour M. Marianval ; il ne fut pas moins fécond : bien des âmes ont été par lui instruites, dirigées, consolées, sauvées, qui lui en gardent encore maintenant une vive reconnaissance.

Le 21 novembre 1884, l'abbé Marianval quitta Fontainebleau pour l'importante paroisse de Chaumes. Il n'y resta que peu de temps, onze mois : ce lui fut assez pour conquérir de nombreuses sympathies, et s'attacher une amitié précieuse dont le dévouement ne lui fit jamais défaut. C'est elle qui, au début de sa dernière maladie, le contraignit à accepter une hospitalité généreuse dans le cercle affectionné d'une famille devenue la sienne. Habitué aux brillantes cérémonies de deux grandes paroisses, le curé de Chaumes eut peine à se faire à la liturgie plus modeste de son église : l'ophicléide de son lutrin, malgré sa bonne volonté, ne suffisait pas à lui faire oublier les chœurs harmonieux de la maîtrise de Fontainebleau. La messe de minuit à Chaumes lui sembla singulièrement triste. Mais il n'était pas homme à se laisser décourager par ces déceptions inévitables : le bon prêtre est heureux partout où il y a des âmes à sauver, et M. Marianval se mit à l'œuvre avec sa persévérance habituelle.

Imprévu, un ordre de l'évêché l'envoya à Provins, où la paroisse de Saint-Ayoul lui fut confiée, au départ de M. Dumaine devenu archiprêtre de Sainte-Croix (25 octobre 1885).

Provins, la ville peuplée de souvenirs, avec ses trois églises témoignant de la foi des ancêtres, et ses vieux remparts attestant leur vaillance, était d'un agréable séjour au prêtre qui rêvait de réveiller dans les âmes les croyances endormies et les énergies éteintes. La préoccupation du pasteur de Saint-Ayoul fut de refaire à son église une parure nouvelle. Pour être curé bâtisseur, il se fit, bien qu'il lui en coûtât beaucoup, curé quêteur, et bientôt, sur les colonnes blanches, des voûtes neuves s'élancèrent, donnant à l'antiquité un air de jeunesse parfaitement harmonisé avec le style de l'édifice.

A Provins, comme partout, M. Marianval se montra le modèle des pasteurs. Dévoué serviteur de la Mère de Dieu, il institua la Congrégation des Enfants de Marie, développa chez ses paroissiens la dévotion à Notre-Dame du Rosaire, établit chaque semaine l'heure d'adoration du Saint Sacrement et s'ingénia à rehausser par les chants, les processions, et l'ornementation des autels, l'éclat des cérémonies saintes dont il aimait la mystérieuse poésie.

Le 12 août 1894, mourait à Coulommiers, un prêtre de grande valeur, le toujours regretté M. Daniel. La piété, l'ardeur apostolique du défunt demandaient à se continuer dans son successeur, et l'abbé Marianval fut ravi à Saint-Ayoul de Provins pour être donné à Saint-Denis de Coulommiers.

Il fut installé dans cette paroisse, le 21 octobre, par M. Moret vicaire général, en présence de deux bons amis. M. l'abbé Bernard, curé-archiprêtre de la Cathédrale et M. l'abbé Thibault, alors Supérieur de l'École Saint-Apais de Melun.

Devenu curé-archiprêtre de Coulommiers et chanoine honoraire, M. Marianval se consacra à sa nouvelle paroisse avec un dévouement sans mesure. Son église, vénérable relique du passé, portant trop accentuée, la patine du temps, reçut à l'intérieur une toilette nouvelle, dont les ressources particulières du curé supportèrent les frais.

Pénétré de cette idée qu'il devait être l'homme de Dieu et l'homme des âmes, M. Marianval usait de tous les moyens d'apostolat pour assurer le salut des fidèles confiés à sa sollicitude pastorale. Deux missions prêchées en 1897 et en 1903 par les missionnaires diocésains de Paris, lui laissèrent de douces consolations et de solides espérances. Mais ayant personnellement charge d'âmes, il n'attendait pas le succès du travail d'autrui. Infatigable semeur de la parole de Dieu, il profitait de toutes les réunions pieuses pour enseigner les grandes vérités. Sans souci des formes élégantes, un peu aride, mais toujours châtiée, sa parole était substantielle, nourrie de faits, de doctrine, d'exemples et le plus souvent inspirée des textes évangéliques. C'était bien le prédicateur convaincu faisant instance pour convaincre son auditoire, s'oubliant lui-même pour, avant tout, faire régner Jésus-Christ dans les âmes. Son bonheur était d'instruire les petits enfants; il était, au milieu d'eux transformé. La gravité sévère qui lui était naturelle disparaissait au catéchisme, remplacée par un sourire tout paternel appelant la confiance, il y avait contact et mutuel abandon entre le vénérable prêtre et ses jeunes élèves. Tout aussi aimable était l'enseignement du catéchiste qui s'ingéniait à rendre la vérité accessible à tous par la simplicité des explications, attrayante par le pittoresque et l'imprévu des exemples choisis. Son zèle pour l'éducation religieuse et morale de la jeunesse lui rendit chères les deux écoles chrétiennes de la paroisse qu'il soutint toujours généreusement en prodiguant plus que des conseils.

Erudit en toutes questions de doctrine et de spiritualité, M. Marianval excellait dans la fonction si délicate de directeur des consciences. On ne saura jamais tout le bien par lui accompli au confessionnal : c'est le secret de Dieu et des âmes qui en ont bénéficié. Cultivées par ses soins, de nombreuses vocations religieuses ont germé et se sont épanouies dans le cloître, plusieurs, très prématurement, dans le ciel.

Faut-il donner du relief à un trait, déjà souligné, révélant en M. Marianval un pasteur exemplaire? Il aimait son église. Attentif à tous les détails, il était sans cesse en quête d'améliorations qu'il réalisait avec un sens pratique très remarquable. C'est à son intervention que la nouvelle église dont la construction s'achève actuellement, doit la disposition qui rendra faciles tous les services paroissiaux. Au point de vue matériel, ses qualités d'administrateur triomphaient de toutes les difficultés : prudence et prévoyance étaient ses habituels auxiliaires.

L'abbé Marianval avait une passion : le luxe et la richesse des ornements sacrés. Sa chapelle particulière était sa seule coquetterie : rien n'était trop beau à ses yeux de ce qui devait servir à rehausser les augustes fonctions du prêtre. Il se plaisait aux jours de fête, à contempler son autel gracieusement orné de fleurs naturelles par le soin de personnes pieuses qu'il appelait « les bouquetières du bon Dieu ». Il appréciait beaucoup la parfaite exécution des chants sacrés, des cantiques et, s'il n'était point prodigue de compliments et de gâteries, les jeunes filles du chœur de chant paroissial ne s'en apercevaient guère. Dans l'organisation des cérémonies religieuses, il visait moins à l'effet tapageur qui attire les curieux, qu'à une beauté majestueuse et grave, capable de provoquer à la prière et au recueillement.

Désireux de connaître tous ses paroissiens, de faire du bien à tous, le curé de Coulommiers multipliait à dessein les occasions de rencontre. Un rien lui servait de prétexte pour visiter pauvres et riches et il n'avait centralisé chez lui la direction de tous les services paroissiaux et des œuvres, que pour apprendre au plus grand nombre le chemin du presbytère. Il accueillait le visiteur avec une extrême réserve que l'on aurait prise pour de la froideur si l'on n'avait connu par avance le fond de son âme compatissante et bonne. Sévère, presque scrupuleux pour lui-même, il n'était pas, pour les autres, inaccessible à l'indulgence. Patient, pondéré, il évitait dans les relations avec les autorités civiles, tout ce qui pouvait énerver les discussions, acceptait les conciliations possibles, mais il ne se résigna jamais à cette faiblesse capable de toutes les concessions : fanatique du devoir, il savait protester et refuser énergiquement quand il s'agissait de sauvegarder et de défendre les intérêts sacrés à lui confiés. Il subit l'injure des inventaires avec une dignité noble et attristée.

Attristée, oui, son âme sacerdotale le fut profondément

des persécutions de l'heure présente, et si vive fut la souffrance de voir sa chère église envahie et spoliée, le sacerdoce catholique aux prises avec de sérieuses difficultés, qu'elle eut un retentissement fatal sur sa santé pourtant si robuste Il était parvenu au seuil de la vieillesse sans jamais avoir connu la maladie, et tout d'un coup, de graves symptômes vinrent alarmer ses proches et ses amis.

On crut d'abord à une fatigue excessive qu'un repos complet dissiperait facilement. Le jour de la Toussaint, M. Marianval inaugurait la Messe des hommes; il monta en chaire pour exposer à ses auditeurs ses idées sur l'institution nouvelle, leur faire part de ses désirs et de ses espérances. Ce fut sa dernière instruction. Le lendemain, il partait pour Fontenay-Trésigny, en quête de repos et de distraction. Il lui fut bien difficile de se distraire et de se reposer; il ne savait pas. La villégiature qui devait durer un mois, et autant que de besoin, se termina douze jours après. Le curé de Coulommiers revint dans sa paroisse plus accablé, le front plus serré, la démarche plus alourdie. Un éminent docteur parisien appelé en consultation, diagnostiqua une hémorragie cérébrale à marche progressive ne laissant aucune chance de guérison. Ce n'était que trop exact. De jour en jour, la situation s'aggrava avec une progression presque mathématique. Le 18 novembre, M. Marianval avec grandes difficultés célébra sa dernière messe; le 28, il reçut l'Extrême-Onction et la scène fut vivement impressionnante du vénéré Pasteur, doucement résigné, échangeant avec chacun de ses vicaires une affectueuse bénédiction. A ce moment, réduit à l impuissance, il songeait encore à instruire les âmes au moins par l'exemple : « *Dites à mes paroissiens*, recommandait-il, *que j'ai reçu l'Extrême-Onction en pleine connaissance et que je fais la Sainte Communion tous les jours.* »

Dès lors, plus que jamais, le malade fit l'édification de tous ceux qui l'approchaient. Il se plaignait seulement de la fatigue qu'il imposait aux autres, et comme pour se faire pardonner, il cherchait le mot pour rire et l'anecdote amusante. Ses dernières journées furent particulièrement pénibles : annihilé dans une prostration parfois complète, il restait de longues heures incapable de parole et de mouvement; inconscient des témoignages de fraternelle sympathie apportés par des confrères, amis de vieille date. Le 18 décembre au soir, M. l'Archiprêtre tomba dans un état comateux très inquiétant, la respiration très précipitée devint un râle sinistrement rythmé. Le 19 au matin, un vicaire récita à son chevet, les prières des agonisants : par des signes bien expressifs, le malade faisait comprendre qu'il entendait et prenait part aux sublimes supplications. Durant toute la journée. M. l'abbé Bernard, accouru en hâte, suggéra au moribond de pieuses pensées, de saints désirs, qui visiblement avaient écho dans son âme. La nuit fut lugubre pour les assistants, trois prêtres, deux religieuses et la propre sœur de M. le Curé; le râle se hâtait, plus étranglé : à deux heures et demie du matin tout d'un coup, sans transition, le dernier soupir s'exhala dans une plainte prolongée.

Nous sommes en deuil : notre vénéré pasteur a rendu son âme à Dieu, le vendredi 20 décembre 1908, à 3 heures et demie du matin.

Ce dénouement fatal nous le laissions naguère pressentir à nos lecteurs en leur faisant part de nos inquiétudes et de la timidité de nos espérances.

Quelque pénible que soit l'épreuve, acceptons-la avec la courageuse résignation du chrétien.

« *Quand Dieu voudra, tout de suite, s'il le veut. Je suis prêt, que sa sainte volonté soit faite* » Ces paroles, pieusement tombées des lèvres de M. l'Archiprêtre, dans le cours de sa maladie; gardons-les en mémoire et disons, nous aussi : que la sainte volonté de Dieu soit faite !

Les enseignements et les exemples de notre curé nous ont fait du bien : que notre reconnaissance soit féconde. Les compliments de condoléances consolent un peu ceux qui restent, mais ne soulagent en rien l'âme envolée : ce sont des prières, vos prières, qu'elle demande, cette âme. Vous ne les lui refuserez pas, et pour cette charité, encore merci.

« Pour s'imposer à l'admiration de ses semblables, l'héroïsme n'est pas de rigueur ; l'accomplissement intégral du devoir suffit à sacrer grande et noble une âme humaine. Au surplus, notre faiblesse morale est si accentuée que déjà c'est être un héros que d'agir en tout et toujours selon les préceptes divins et la loi de la conscience... La course furibonde d'un torrent réserve au touriste des spectacles impressionnants, mais la majesté calme d'un grand fleuve, suivant sa voie sans jamais s'épandre au delà de ses rives, offre des beautés reposantes autrement appréciables, quand on y réfléchit. Nous admirons trop les torrents qui dévient et ravagent, pas assez les fleuves fidèles à la route tracée à leur vocation».

Ces lignes d'un auteur contemporain nous aideront à juger, nous semble-t-il, la carrière sacerdotale que nous venons de retracer ici, pour la consolation de quelques-uns et l'édification de tous. Un mot a été dit par son meilleur ami pour caractériser M. l'abbé Marianval : « *Il fut l'homme du devoir* ».

Les obsèques eurent lieu le lundi 23 : manifestation grandiose et bien consolante. Par les rues de la ville le long cortège se développa : les enfants des catéchismes, l'Ecole Ste-Marie, l'Institution Sainte-Foy, les enfants de Marie voilées de blanc, une centaine de prêtres parmi lesquels presque tous les dignitaires du diocèse, le corbillard encadré par une délégation des Sapeurs-Pompiers, escorté par MM. de Charnacé, Jarry, Deloison, Guadet, lieutenant-colonel Notté, capitaine Donot, tenant les cordons du poêle, et, derrière le deuil conduit par M. l'abbé Bernard, une foule innombrable suivant dans le plus respectueux recueillement. La messe fut chantée par M. l'abbé Bouchet, archiprêtre de Fontainebleau, assisté comme diacre et sous-diacre, par deux anciens vicaires de Coulommiers : MM Heinrich et Guyard. M. l'abbé Prieur, vicaire général, récita les prières de l'absoute et présida la conduite au cimetière.

Et désormais, dans le champ où les morts attendent l'aube radieuse de la résurrection, sur une tombe de granit que bénissent les deux bras étendus du divin Crucifié, une sœur inconsolable, des paroissiens reconnaissants, iront prier, et lisant sur la pierre sépulcrale, trois noms vénérés : Auguste Jarry, Paul Daniel, Alexan-

DRE MARIANVAL (1); ils confondront dans le même souvenir pieux trois saints prêtres.

(1) M. Marianval, eut successivement comme vicaires :

1° M. Goury, décédé, curé de Samois.
2° M. Heinrich, curé de Montigny-Lencoup.
3° M. Guyard, en congé.
4° M. Verchère, Econome, à l'Ecole Saint-Aspais.
5° M. Gallet, tué à la guerre.
6° M. Charrier.

M. Marianval, eut comme ses prédécesseurs, la consolation de faire entrer au petit séminaire, deux Columériens : Morganti dont le père, ancien employé de chemin de fer de la Compagnie de l'Est fut sympathiquement connu en notre ville. L'abbé Morganti, en 1914, vicaire de Fontainebleau, tomba au Champ d'honneur durant la grande guerre. L'abbé Thiercelin, d'une honnête et chrétienne famille de Coulommiers, né en 1890 à Coulommiers, aujourd'hui curé de Nanteuil-les-Meaux, fut ordonné en 1913, tandis que M Hébert était curé de Coulommiers.

54. — M. JEAN-BAPTISTE HÉBERT, chanoine honoraire, curé archiprêtre de Coulommiers (1908-1928).

Né à Montbrieux-de-Guérard, le 24 juillet 1847, ordonné prêtre à Meaux le 30 juillet 1872, M. Hébert fut d'abord vicaire à Nemours pendant 15 ans, puis fut nommé curé de St-Nicolas de Meaux en 1887. Chanoine honoraire le 15 décembre 1893, il devenait curé doyen de la Ferté-sous-Jouarre le 5 novembre 1897, puis curé de Coulommiers, le 6 février 1908.

Il est pieusement décédé, muni des Sacrements de l'église, le lundi 1er octobre 1928 dans sa 82e année.

Curé archiprêtre de Coulommiers depuis plus de vingt ans, il avait voué à cette ville, dont il a eu la satisfaction d'être jusqu'au bout le chef spirituel, une affection toute particulière, et il y jouissait d'ailleurs de la sympathie générale. « Je suis et je veux être le curé de tout le monde », écrivait-il, il y a quatre ans, dans une lettre adressée à ses paroissiens en vue de la formation de l'Union des catholiques. Il l'était, en effet : son jubilé sacerdotal qui, il y a six ans, réunit dans un même sentiment de filiale et respectueuse reconnaissance toutes les classes de la société, et la considération particulière dont l'entourèrent les diverses municipalités, en furent la preuve. Enfin, lorsqu'au temps où il sortait encore, sa haute et distinguée silhouette apparaissait quelque part, bien rares étaient les têtes qui demeuraient couvertes. Pour beaucoup, il restera, en outre, celui qui, seul pendant presque toute la guerre, se dépensa sans compter, malgré son âge et sa fatigue, pour assurer le service régulier de la vie paroissiale, le fonctionnement des catéchismes et les visites aux malades et aux blessés des quatre hôpitaux. Après ce surmenage, il aurait eu besoin de repos : il n'en prit point, et un jour vint où, à sa grande tristesse, il sentit ses forces décliner. Pendant cinq ans, avec l'aide de dévouements fidèles et éclairés, sa robuste constitution de Briard lutta contre le mal qui gagnait tous les jours du terrain. Et lundi, Dieu a rappelé à lui son fidèle serviteur, non sans lui avoir laissé le temps de recevoir les derniers sacrements des mains de son premier vicaire.

Les obsèques solennelles, célébrées jeudi 4 octobre à 10 heures, en l'église Saint-Denis-Sainte-Foy, sous la présidence de Mgr Laveille, vicaire général, archidiacre de Brie, ont été un émouvant témoignage de l'estime et de la sympathie dont jouissait M. l'archiprêtre.

Après la levée du corps, un long cortège défila de la maison mortuaire à l'église, par les rues de la Sous-Préfecture, du Marché, Beaurepaire et du Palais de-Justice.

La messe fut célébrée par M. le chanoine Maudhuit, curé de la cathédrale de Meaux, assisté de MM. les abbés Fourment et Beulin, comme diacre et sous-diacre, et les chants alternés par les groupes de prêtres et la schola paroissiale, occupant la tribune, et les ecclésiastiques placés dans le chœur.

L'assistance était si nombreuse que la cérémonie de l'offrande ne se termina qu'au moment de la communion.

Avant les prières de l'absoute, Mgr Laveille donna lecture, du haut de la chaire, d'une lettre de Mgr l'Évêque aux paroissiens de Coulommiers

En termes aussi touchants que délicats, Mgr Gaillard, s'associe de tout cœur au deuil de la paroisse, du doyenné et du diocèse. « Le clergé meldois, dit-il, perd en M. Hébert un de ses membres les plus estimés et les plus sympathiques : l'évêque, un de ses meilleurs collaborateurs; les paroissiens de Coulommiers, un véritable père. A Nemours, à Saint-Nicolas-de-Meaux, à la Ferté-sous-Jouarre, et surtout à Coulommiers, terrain plus vaste sur lequel il travailla pendant vingt années, il déploya un zèle inlassable, soutenu par un optimisme fécond. Il se consacra surtout aux enfants, aux affligés, aux malades, aux déshérités de la vie... Il fut l'homme de tous, l'homme de la paix, reprenant à son compte le mot de l'apôtre bien aimé : Mes enfants, aimez-vous les uns les autres... Doué d'une piété profonde et sincère, surtout d'une piété eucharistique qui le portait souvent devant le tabernacle, il accepta avec générosité les épreuves qui ne lui furent pas ménagées. Du fond de sa retraite forcée, secondé par ses dévoués vicaires, il s'intéressait toujours à toute sa paroisse et priait beaucoup pour tous. Et c'est de la communion qu'il venait de faire ici-bas pour le viatique qu'il passa à la communion qui ne finit point. » Monseigneur termine par un appel à la prière pour le repos de l'âme du bon prêtre, car le ministère pastoral est toujours lourd de responsabilités. Cette prière sera le meilleur témoignage de reconnaissance à l'égard du pasteur regretté que Dieu vient de rappeler à lui.

L'assistance est profondément remuée par cette parole épiscopale et bien des larmes coulent lorsque Mgr Laveille coiffé de la mitre prélatrice, procède à la cérémonie de l'absoute après laquelle le cortège s'organise dans le même ordre qu'au début de la funèbre solennité, pour conduire au champ du repos la dépouille mortelle de celui que les Columériens continueront à appeler « le bon Monsieur Hébert (1). »

Ce témoignage suprême rendu par le premier Pasteur du Diocèse, devant la dépouille mortelle du vénéré défunt, peut compenser un plus long récit qu'il nous faudrait faire de ses vertus et de laborieux et fécond ministère.

Mais, un événement important, et sans beaucoup de précédent dans les annales ecclésiastiques domine toute sa carrière. Je veux dire : les adieux qu'il dut faire à l'antique église de Coulommiers, et l'Inauguration de la Nouvelle qui l'a remplacée. Une intéressante publication paroissiale et périodique, fondée par le zèle de M. Marianval, *L'Écho de Coulommiers* nous a fait de ces deux cérémonies mémorables, un récit fidèle et du plus vif intérêt. Nous ne pouvons mieux faire que de le reproduire en majeure partie :

(1) M. Hébert eut successivement ou simultanément comme vicaires : MM. Gallet, mort, tué à la guerre; Charrier; Brullot, Valade, morts à la guerre; M. Thuret; M. Griffaut premier vicaire actuel, M. Gallot, aujourd'hui curé de Gretz-Armainvilliers et M. Molvaux second vicaire.

Allocution prononcée par M. l'Archiprêtre au Prône de la dernière Grand'Messe paroissiale célébrée le dimanche 9 juillet 1911 pour les adieux à la Vieille Eglise Saint-Denys

Mes Frères,

Et maintenant, il me faut accomplir un devoir des plus douloureux de ma charge pastorale : dire Adieu en votre nom, et au mien, au Vieux Sanctuaire que nous allons quitter.

Pardonnez, mes Frères, si mon émotion est trop vive.

Je sens que je porte, en ce moment dans mon cœur de pasteur et de père, vos regrets et les miens.

Cette Eglise, elle était pour moi comme une sorte d'épouse mystique : je m'y étais attaché profondément.

Pour vous, c'était la maison paternelle de vos âmes : vos ancêtres y ont vécu, fréquenté, prié, comme vous, depuis tant de générations!

Ces liens si forts, il nous faut les rompre : et cela ne se peut faire sans déchirement.

A l'heure dernière, ne convient-il pas d'évoquer tant de chers et vénérés souvenirs qui remontent si haut dans l'ombre du temps.

Le souvenir de ceux qui, les premiers l'ont bâtie, qui en ont été les bienfaiteurs à travers les âges, les restaurateurs généreux, ceux dont les blasons sont sculptés sur ses vieux piliers, les noms inscrits sur les vitraux, sur les pierres tombales, ou sur les dalles de la nef : vieilles familles, l'orgueil légitime de l'antique Cité columérienne, qui avaient choisi pour armes, le touchant blason, qu'elle porte encore, le serpent et la colombe, avec la devise si bien évangélique, *Prudentes ut serpentes simplices ut colombæ*. Vieilles familles de noblesse ou de roture, dont les survivants ont noble cœur comme autrefois, pour l'Eglise et ses œuvres.

Dans la chaire de vérité, émigrée depuis un an en sa nouvelle demeure, et si bien rajeunie par l'intelligence et les mains d'habiles ouvriers, la parole éloquente de notre Bossuet s'est faite entendre souvent, exhortant les Columériens d'autrefois, à la pénitence, à la conversion, dans une Mission demeurée célèbre, entre l'Ascension et la Pentecôte, secondé par la douce et pénétrante onction de Fénelon, son collègue et son rival.

Sur les vieilles dalles du Sanctuaire, Jeanne d'Arc s'est agenouillée, au soir du 7 août 1429, date de l'entrée de Charles VII à Coulommiers, et le lendemain, elle y entendait la Messe et communiait au pain des forts et des purs.

Comment ne pas rappeler de tels faits?

Tu étais au milieu de nous, vieille et chère Eglise, tu étais sur le passage de tous Tes portes toujours ouvertes invitaient les passants : on entrait, on faisait sa prière : les petits en prenaient de bonne heure le chemin. A toute heure de la journée, on trouvait quelque chrétien, quelqu'âme pieuse recueillie en quelque coin.

Ah! oui, tu étais vraiment le cœur de la Cité!

En sera-t-il de même de celle qui va te remplacer, plus éloignée, plus froide, plus isolée?

Je veux l'espérer!

Car Celui que nous venions chercher ici nous le trouverons là-bas, dans la nouveauté de ses murs, la fraîcheur et le charme de sa jeunesse?

Et Lui, le Maître Divin, c'est l'Hôte adoré dont les âmes ont besoin, qu'elles cherchent sans cesse, et qu'elles trouvent toujours!

Depuis près de mille ans, mes Frères parmi vos aïeux, vos parents, et vous-mêmes, combien qui ont reçu ici toutes les meilleures grâces de leur vie : baptême; pardons de leurs fautes, premières communions, prières exaucées, paix retrouvée, réconfort et consolations du cœur.

Combien d'enfants à l'âme innocente sont entrés en cette enceinte, et se sont agenouillés à la table divine, le brassard blanc sur le cœur, ou le voile immaculé sur un front virginal.

Combien de jeunes femmes, en blanche toilette d'épousée, se sont avancées, radieuses le long de cette nef, appuyées au bras de celui qu'elles avaient choisi.

Combien d'autres ont reposé ici pendant quelques instants, dans l'immobilité de la mort, pour que leur Mère l'Eglise répandit sur leur dépouille mortelle, ses larmes et ses prières suprêmes!

Comment ne point évoquer ces choses, avant la séparation définitive?

. . . .

Adieu donc, monument cher et sacré!

Nous ne pénètrerons plus dans ton enceinte, nous n'y dirons plus la Messe : nous ne communierons plus à ta sainte table nous ne nous agenouillerons plus sur tes dalles abandonnées!

Mais, t'oublier!! non jamais!

N'est-ce pas ici que nous avons reçu tant de biens? N'est-ce pas ici que nous laissons une part de notre cœur?

Quand nous passerons près de toi, ce ne sera point sans jeter sur tes murs un pieux regard de mélancolie, de tristesse, de regrets.

Les pères diront, plus tard, à leurs fils : Regarde, c'est ici, à cette place qu'étaient les fonts où j'ai été baptisé : là, ma mère avait sa place à l'église, celle de la famille, depuis des siècles.

La mère dira à sa fille : Ici, tu vois, mon enfant, j'ai fait ma première communion : là, j'ai reçu, j'ai porté, pendant les heureuses années de ma jeunesse, mon bleu ruban d'enfant de Marie.

Chacun évoquera, dans son cœur un souvenir personnel, attendri.

Les prêtres eux-mêmes, mûris dans le sacerdoce, ne se souviendront jamais, sans douceur, sans regrets, des fonctions de leur ministère, de leurs travaux accomplis, de leurs joies goûtées dans la maison de Dieu, si vénérable et si regrettée.

Et tous, empruntant les paroles si pénétrantes de l'Ecriture, prononceront, dans leur cœur, le prophétique serment d'amour fidèle connu autrefois en Israël :

Si jamais je t'oublie, ô Maison sacrée, si jamais j'oublie les bienfaits reçus en ton enceinte, que Dieu me punisse comme un ingrat, sans cœur.

Mais non, mon souvenir reconnaissant te restera fidèle, et ma gratitude ne cessera de s'exprimer à Dieu, pour les bénédictions que j'ai recueillies en ton sein.

Sous l'impression produite par ces émotionnantes paroles, le Saint Sacrifice s'achève, et c'est dans le recueillement le plus profond de la religieuse Assemblée si nombreuse, que M. l'Archiprêtre donne, à la fin de la Messe une Absoute solennelle pour tous les fondateurs de la vieille Eglise, pour tous ceux dont les cendres reposent encore sous les dalles de la nef; pour tous ceux qui, depuis tant de siècles, sont venus recevoir les dernières bénédictions de l'Eglise avant d'aller dormir leur suprême sommeil.

L'Inauguration et la Bénédiction

DE LA

NOUVELLE ÉGLISE

Comment raconter cette journée inoubliable pour tous ceux qui y ont assisté, pour les habitants de Coulommiers surtout, les plus directement intéressés à la fête ?

Depuis plus d'un mois, nos chers concitoyens vivaient dans la fièvre de l'attente. Une Bénédiction d'Eglise, cela se voit si rarement : c'est un fait extraordinaire dans la vie locale d'une population : et tous se promettaient de ne rien perdre de la cérémonie, du cortège, des réjouissances, du nombreux Clergé et des Sociétés de jeunesse qui étaient invités.

La réalité a dépassé les prévisions et les espérances, et tous, paroissiens amis, étrangers, invités, indifférents, eux-mêmes, conviennent que la fête a été, ce qu'elle devait être : une *manifestation religieuse et populaire* par l'union des cœurs, la sympathie générale et l'élan invincible du sentiment chrétien.

Ce succès fait le plus grand honneur aux habitants de Coulommiers en même temps qu'il fait ressortir le fonds du bon esprit religieux des Briards.

Dès le Dimanche 9 Juillet, la population se portant en nombre considérable à la vieille Eglise avait été profondément remuée par le discours d'adieux prononcé par M. l'Archiprêtre, et par l'absoute solennelle donnée à la fin de la Messe.

Chacun rappelait ses souvenirs personnels : tant de prières, tant de larmes, répandues sous ces voûtes séculaires, sur ces dalles foulées par tant de générations.

Le Dimanche suivant, 16 juillet, les trois dernières messes de 6 heures, 8 heures et 9 heures célébrées dans la vieille Eglise devaient être des Messes basses : il n'y avait plus ni bancs, ni chaises. Les nefs semblaient plus grandes et plus désolées : et, c'était un spectacle touchant de voir ces nombreux fidèles agenouillés sur le pavé du temple, recueillis plus que jamais, savourant pour ainsi dire, la piété de cette heure dernière, et la tristesse de cette séparation définitive !

Et quand il fallut sortir, beaucoup s'attardaient, jetant un dernier regard sur ces nefs qui allaient devenir solitaires, sur ces piliers et ces murs témoins muets, mais si chers, de la vie religieuse de la population pendant de si longs siècles.

Les yeux exprimaient un suprême Adieu : « Nous n'y entrerons plus... Chère et vénérable Eglise de nos pères, et la nôtre, Adieu, encore.

A 11 heures et demie, Mgr l'Evêque fait son entrée dans sa bonne ville de Coulommiers, accompagné de Mgr Prieur, Archidiacre de Brie, et de M. le Chanoine Olichon, son secrétaire

Il est reçu par M. l'Archiprêtre, avec le respect, la joie, la reconnaissance que fait naître au cœur, une telle fête et veut bien présider le modeste déjeuner du presbytère, avec cette aménité, ce charme et cette finesse de causerie, qui en font le plus agréable et le plus écouté des convives, et mettent tout le monde à son aise.

Un peu auparavant, sont arrivés : le Petit Séminaire, guidé par son vénéré supérieur, M. le Chanoine Bizord et ses professeurs, venant directement de Meaux.

Eux aussi, visitent la vieille Eglise et vont ensuite s'installer dans la salle hospitalière de l'Hôtel de l'Ours où, avec leur entrain, leur appétit de jeunes voyageurs, ils font le meilleur accueil au déjeuner qui leur est servi par les soins de M. Verdier.

A 2 heures, le cortège épiscopal se met en marche : Mgr l'Evêque franchit le dernier le seuil du vieux sanctuaire et il nous dira tout à l'heure, en son discours, que ce n'est pas, sans une intense émotion qu'il lui dit adieu en songeant à cette lignée d'évêques ses prédécesseurs, qui ont fait, sous ces voûtes, avant lui, l'œuvre de Dieu dans les confirmations et les visites pastorales.

Parvenues sur le terre-plein de Beaurepaire, les deux lignes formées par le Clergé, pénètrent à l'intérieur de la haie gardée par nos sociétés de jeunesse.

Arrivés au parvis, les Sociétés de jeunesse enfilent l'Avenue de Rebais, et pénètrent dans l'église par la porte de la sacristie.

Pendant ce temps, Monseigneur précédé d'un nombreux Clergé, procède à la bénédiction des murs extérieurs et fait le tour du monument pour revenir au point de départ.

Le cortège pénètre enfin dans l'église et s'avance vers le sanctuaire, à travers les rangs pressés de la foule, pendant que les chœurs du Petit Séminaire chantent les Litanies des Saints.

Conduit par M. le Chanoine Bizord, maître des cérémonies, Sa Grandeur bénit les murs intérieurs et vient enfin se reposer à son trône où la population columérienne peut le voir tout à son aise, dans la majesté de la dignité épiscopale et dans la bénignité de son attitude paternelle.

Les fidèles de Coulommiers avaient exprimé le désir d'entendre le chant à l'Etendard de Jeanne d'Arc, en souvenir du passage de l'Héroïne, en leur ville le 7 août 1429. M. l'abbé Berton l'a fait exécuter magistralement par ses jeunes chanteurs : qu'il en soit remercié au nom des Columériens enthousiasmés.

Aux accents de la Cantate, Monseigneur a pris place dans la chaire rajeunie et transformée par des mains habiles. C'est de là, que dominant l'assistance, Sa Grandeur veut bien écouter le fidèle compte-rendu que lui fait M. l'Archiprêtre placé sur les marches du chœur.

Monseigneur,

Votre visite est toujours pour nous un honneur, un bienfait, une joie.

Celle que vous voulez bien nous faire aujourd'hui emprunte, aux circonstances, un caractère qui la rendra inoubliable.

Vous venez inaugurer, bénir la nouvelle église de Coulommiers. Bénir une église : offrir à Dieu un nouveau sanctuaire, et un sanctuaire bâti par les soins d'une Administration Municipale, sur l'acceptation librement consentie d'un legs fait uniquement en ce but.

C'est un *fait* qui affirme hautement que la religion est vivante, qu'elle tient largement sa place en ce monde, que les populations la réclament, parce que leurs besoins religieux s'accusent fortement et que les hommes sensés (soucieux de gouverner avec sagesse) la reconnaissent volontiers et y font droit, malgré les difficultés de l'heure présente.

Aujourd'hui, Monseigneur, par ses représentants légitimes, la Ville de Coulommiers vous remet un monument, une église nouvelle, construite, en exécution du legs de Mme Coyen, sur les plans et sous la direction d'un architecte habile, autant que consciencieux.

A vous, Monseigneur, qui êtes parmi nos populations catholiques le représentant légitime et officiel de la majesté divine, l'Autorité civile, respectable aussi et digne d'égards, s'adresse pour que ce monument élevé par ses soins, pour une destination religieuse, soit à jamais consacré au culte divin.

Et la population toute heureuse qui vous entoure vous demande de répandre sur ces pierres et sur ces murailles, les bénédictions dont vos mains consacrées sont les dépositaires.

Il s'exprimait en chrétien, cet homme d'une haute situation administrative qui me disait naguère : le monument n'est rien, tant que l'Evêque n'y aura point passé.

Vous l'avez fait tout à l'heure. Et désormais, ce monument est à l'usage du Culte catholique. Dans son enceinte, se dérouleront les cérémonies sacrées : dans son tabernacle demeurera pour être au milieu de son peuple, le Souverain Seigneur, le Dieu de l'Eucharistie.

Et la nouvelle église, dans tout le charme de sa grâce et de sa jeunesse, deviendra à son tour, la maison de famille religieuse pour les générations qui grandissent, comme la vieille église Saint-Denys l'a été pendant près de mille ans pour les aïeux d'autrefois.

Au surplus, nous ne la regardons pas sans un intérêt véritable et sans une vive sympathie.

En outre de la pureté de ses lignes, de l'harmonie de ses contours, de l'abondante lumière de ses nefs, nous prévoyons, qu'elle aussi, dès sa naissance, sera la gardienne de précieux souvenirs.

Construite sur l'emplacement même de l'antique cimetière de Coulommiers, elle perpétuera le souvenir de nos chers morts, et quand le Saint Sacrifice s'y célèbrera chaque matin, les cendres de nos aïeux, enfouies dans ce sol béni, tressailleront d'un saint émoi en attendant de revivre à la suprême résurrection.

A deux pas d'ici, presque devant le parvis de l'église nouvelle, s'élevaient le Monastère et l'Eglise de Ste Foy. Nous possédons d'elle une insigne relique, et si la vierge martyre est la pure et courageuse gardienne de la cité, il faut bien dire que nos concitoyens ont pour elle une reconnaissance et un culte qui vont, chaque jour, grandissant. On invoque Ste Foy pour les yeux : que la jeune martyre obtienne à ses fidèles obligés, en même temps que la conservation d'un bien aussi précieux qu'est la vue du corps, un autre meilleur encore : la vue spirituelle de l'âme par la foi.

Voilà, pourquoi, Monseigneur nous vous demandons, en ce jour de la Bénédiction de notre église, Paroissiens et Curé, de vouloir bien proclamer, avec l'autorité de votre charge que, désormais Ste Foy est la seconde patronne de Coulommiers, Ste Denys en demeurant toujours le premier, lui l'apôtre, le convertisseur de nos régions briardes.

Votre Grandeur répondra ainsi au vœu du pays tout entier qui a pour sa jeune protectrice, la dévotion la plus fidèle et la plus confiante.

J'arrête ici, Monseigneur cet exposé trop court à mon gré : non, pourtant sans vous prier de parcourir du regard les rangs pressés de ceux qui vous entourent ; ce sont vos prêtres, heureux de vous voir et d'entendre les leçons d'éloquence que leur donnent votre voix et votre exemple, accourus de tous les coins de l'arrondissement ; ardente, pleine de cœur, l'espoir le meilleur de l'Eglise et de la Patrie, c'est la foule immense des chrétiens désireux d'assister à cette fête unique de l'inauguration d'une église.

N'est-ce pas, mes amis, mes frères, que votre présence ici, autour de l'Evêque, élu de Dieu, fait présager des temps nouveaux, temps d'union forte et fraternelle, autour du Chef religieux, dans la seule Eglise du Christ, toujours la grande bienfaitrice des âmes et des peuples : le cœur de la Cité.

Répondant à M. l'Archiprêtre, Monseigneur exprime à son tour, à Dieu, la reconnaissance et celle du peuple chrétien qui l'entoure, de ce qu'il a permis qu'un nouveau temple aux formes délicates et gracieuses, fut élevé à sa gloire et pour le bien de la religion catholique dans la ville de Coulommiers. Il félicite l'Administration municipale d'avoir si fidèlement exécuté le legs de Mme Coyen, à la mémoire de laquelle il adresse un hommage sincère et reconnaissant. Il regrette que la maladie nous ait privés de la présence de l'architecte, aussi dévoué que consciencieux, au talent duquel il aime à payer le tribut légitime.

Puis, adressant lui-même un suprême adieu à la vieille église, où Bossuet et Fénelon ont fait entendre la parole de Dieu, où Jeanne d'Arc a prié et communié, il confond à dessein, dans une même pensée, l'ancienne et la nouvelle, faisant remarquer qu'on va retrouver avec bonheur, dans la nouvelle, les mêmes objets du culte qui ont contribué au service divin et à la vie des âmes dans la vieille église.

Insistant sur les rapports qui existent entre le temple matériel et la vie des âmes, il demande aux familles de considérer comme un honneur de fournir des prêtres à l'Eglise de Jésus-Christ.

Et apercevant le grand Christ qui surmonte la porte de la sacristie, il fait l'historique touchant de la Mission de 1821, au cours de laquelle il fut érigé en bas de la vieille côte de Montanglaust.

Après quoi, citant le texte : *Nova sint omnia*, il invite les fidèles à renouveler leurs sentiments et principalement leur foi chrétienne.

C'est un beau spectacle qui remue des émotions profondes dans le cœur et amène des larmes dans les yeux de beaucoup.

Et le Salut très solennel exécuté avec une piété suave par les chanteurs du Petit Séminaire, sous la direction de l'infatigable et si habile M. Berton, clôt la partie de la solennité religieuse qui doit s'accomplir dans l'église.

Sur le conseil qui lui est donné, la foule sort de l'église, pour approcher plus près encore de l'Evêque si applaudi, le voir et le revoir encore, et recevoir de lui, bénédictions, paroles encourageantes, médailles, croix, etc., que Monseigneur aime à distribuer avec une royale largesse.

Tant dans l'église qu'au dehors, 5.000 paroissiens Marbeau passent aux mains des fidèles heureux de posséder ce petit livre parfait ; MM. les Vicaires font, de leur côté une large distribution de cartes postales (6.000) représentant la nouvelle église, vue de face et de côté, avec, au verso, le souvenir de la bénédiction.

Pendant plus d'une demi-heure, Sa Grandeur va et vient dans la foule heureuse de baiser son anneau, de lui serrer les mains, de montrer toute sa respectueuse et filiale sympathie.

NOTICE

sur la Nouvelle Eglise de Coulommiers (S.-et-M.)

par M. BRUNET, l'Architecte du Monument (1)

L'exécution de l'église de Coulommiers me fut confiée par la Ville, après concours à deux degrés.

La somme affectée à cette entreprise provenait d'un legs. Elle ne devait, quoique relativement peu élevée eu égard à certaines exigences du programme, être, sous aucun prétexte, dépassée.

C'est ce qui m'obligea à concevoir une disposition simple et à chercher des solutions aussi économiques que possible, en tant que structure par l'emploi judicieux de la matière, — condition qui ne devrait, au reste, jamais être perdue de vue dans toute conception architectonique de notre temps.

Le terrain sur lequel est construit l'édifice offre une déclivité assez accentuée vers la petite rivière « le Morin », située à une soixantaine de mètres de la façade latérale sud.

Le niveau du sol intérieur de l'église ayant été déterminé par le point le plus élevé du terrain occupé, il en est résulté une assez grande surface utilisable en sous-sol, qui a servi à l'aménagement des salles de catéchisme, dépôt mortuaire, calorifère, etc.

L'église haute comprend :

Le porche surmonté d'un clocher avec flèche en pierre;

La nef et ses collatéraux;

Le transept, surmonté, à la croisée, d'une lanterne;

Le chœur, avec ses dépendances, et deux sacristies.

Autant qu'il a été possible, j'ai accusé mon parti de

(1) Le Jury du Salon d'Architecture des Artistes français, a décerné à M. Brunet, une première médaille pour son envoi sur l'exécution de ce beau monument.

construction, tant à l'intérieur qu'à l'extérieur; lequel repose, exclusivement, sur le principe de points d'appuis reliés par des arcs, avec parois de remplissage.

J'ai réduit, autant que la nature des matériaux employés me l'a permis, ces points d'appuis à une faible section; les colonnes du vaisseau notamment. Il en est résulté une facilité de circulation, le dégagement de la vue vers l'officiant et une économie raisonnée dans toute la construction.

Les matériaux auxquels je me suis adressé ont, dans la mesure du possible, été mis en œuvre pour rester apparents. C'est ainsi qu'à l'extérienr, la maçonnerie de meulière et de brique a été jointoyée et, qu'à l'intérieur, les briquetages des piles, arcs et remplissages des voûtes, n'ont reçu aucun enduit.

Je n'énumérerai pas les provenances de tous les matériaux employés, mais je dirai que j'ai tenu à ne mettre en œuvre que ceux offrant toutes garanties de durée et se présentant sous un aspect satisfaisant; quitte à ne décorer que très sobrement l'ensemble de la construction.

Je mentionnerai, toutefois, que les substructions sont en éléments de béton armé reposant sur puits remplis de cailloux; que la pierre utilisée en soubassement provient d'Euville, en élévation et à l'extérieur des carrières de Saint-Maximin: que les fûts de colonnes monolytes, intérieurs, sont en Larrys-du-Bief et les piles de la lanterne en roche de Chassignelles.

La plus grande partie de la brique employée intérieurement est la brique blanche « amiantine »; les remplissages des voûtes hautes du vaisseau et de la lanterne sont en brique creuse, à rainure et languette, de terre très fine et d'un ton d'ensemble, chaud et soutenu, fort agréable.

Les combles, de disposition aussi simple que possible pour faciliter l'écoulement des eaux, sont couverts en tuile « Muller », à triple emboîtement; les chêneaux et descentes, de fortes sections en vue de l'entretien, sont en tôle d'acier, avec joints peu nombreux.

La mosaïque du dallage intérieur est composée de petits éléments de grès cérame d'une grande dureté, dont la palette est assez étendue, ainsi que les deux cadrans extérieurs du clocher. »

J'ajouterai que j'ai eu la bonne fortune de pouvoir utiliser, dans les fenestrages, les fragments d'anciennes verrières XVIe siècle provenant de la vieille église, église dont certaines parties sont bien intéressantes mais dont l'état de délabrement est inquiétant.

Ces beaux restes de vitraux, mis en valeur dans la vitrerie géométrique à bordure assez foncé, donnent une note décorative qui, sans être absolument appropriée à l'édifice moderne que j'ai eu à construire n'en produit pas moins un excellent effet, tout en ajoutant un attrait particulier au monument.

Les anciennes verrières viennent d'être classées parmi les Monuments Historiques.

Sans m'étendre sur les dimensions de l'église dont il est question, je dirai que le vaisseau a, intérieurement, 47 m. 30 de longueur, sans le porche, et la nef 10 mètres de largeur entre les axes de colonnes; que la hauteur, sous-ciel de la lanterne est de 22 mètres et celle de la nef, du dallage au sommet des voûtes annulaires, d'environ 13 mètres.

La hauteur du clocher, depuis le sol extérieur jusques et y compris la croix, atteint environ 50 mètres.

Je terminerai en mentionnant que le prix de revient de l'édifice est, en chiffre rond de 385.000 francs, honoraires décoration compris; ce qui donne, pour la surface couverte d'environ 1.100 mètres carrés, un prix de 350 francs par mètre superficiel.

L'on remarquera que ce prix de 350 francs de construction est, relativement, peu élevé si l'on considère les dépenses qu'ont entraînées : les substructions assez complexes, le clocher avec flèche en pierre, la lanterne et les ouvrages décoratifs tels que sculpture, peinture, mosaïques, remise en plomb des anciennes verrières, etc... également compris dans le chiffre ci-dessus.

Paris le 6 juin 1911.

L'Architecte,

E. Brunet

Nous ne pouvons mieux terminer cette notice, qu'en citant cette charmante poésie due à l'inspiration d'un ancien vicaire de Coulommiers.

Au cher et vénéré Monsieur le Chanoine HÉBERT

curé-archiprêtre de Coulommiers

à l'occasion de la bénédiction de la nouvelle église

PAR

Monseigneur MARBEAU, Évêque de Meaux

16 JUILLET 1911

SONNET

Huit lustres, depuis lors, ont passé sur la tête
De celui qui, sept ans, ici fut autrefois
Vicaire. Or, à ce titre et plutôt qu'en poète,
J'ose risquer des vers d'une tremblante voix.

Du *nouveau temple*, ému, je célèbre la fête,
Mais c'est toujours l'*ancien* qu'en esprit je revois,
Et je ne puis céler que mon cœur le regrette,
Qu'à survivre il conserve à mes yeux bien des droits.

« **Vieille Église**, témoin des prières, des larmes
D'innombrables chrétiens, de la **Neuve** les charmes,
Va, n'effaceront pas chez nous ton souvenir !

Puisqu'il faut cependant qu'une autre te remplace,
De nous l'avoir donnée au Seigneur rendons grâce...
Qu'Il daigne, plus encor qu'en toi, nous y bénir ! »

ENVOI :

Aux *Saints* **Denis et Foy**, du jeune sanctuaire
Immuables patrons, mon hommage pieux :
Au **Pontife** *zélé*, notre Ange tutélaire,
De santé, de longs jours les plus ardents vœux ;
Aux **prêtres** *de ce lieu*, si méritants si dignes,
A leur **chef** *vénéré* de justes compliments ;
Magistrats, Constructeurs, et **Bienfaiteurs** *insignes*,
A vous, au nom de tous, mes applaudissements.

G.-A. Lapierre
ancien vicaire de Coulommiers.

APPENDICE I

NOTE COMPLÉMENTAIRE
à la NOTICE de M. DESNOYERS (page 56).

Les épreuves de ce travail étaient achevées. Nous les soumîmes à l'approbation de la censure ecclésiastique. Nos examinateurs, Mgr Bléry vicaire général, et M. le Chanoine Le Renard, nous firent obligeamment remarquer, à propos de la notice de M. Desnoyers, une lacune qui ne pouvait qu'être fort regrettable, et qu'il était important de combler.

De quoi s'agissait-il? D'une guérison remarquable, obtenue en 1846, par l'intercession de M. Desnoyers, en faveur de Mlle Stéphanie Bossard. Mlle Bossard, habitait Coulommiers, sous le même toit que Mlle Zéphyrine Babé, son amie intime. Toutes deux y donnaient l'exemple des plus éminentes vertus chrétiennes. Mlle Babé, née à la ferme Manoir de Nolongue, non loin de Jouarre et de la paroisse d'Aulnoy, après diverses épreuves et vicissitudes, s'était retirée à Coulommiers.

C'est là, au chevet des malades et des pauvres, que ces deux âmes d'élite se rencontrèrent et se lièrent d'une inaltérable amitié, qui devait recevoir quelques années plus tard, sa consécration dans la donation totale, au sein de la vie religieuse au service des humbles servantes.

Mlle Zéphyrine Babé, n'est-elle pas devenue, sous le nom de *Mère Saint-Paul, la Fondatrice des Sœurs servantes de Marie?* Et Mlle Stéphanie Bossard sous le nom de Sœur Saint-Pierre, son assistante dévouée, son infatigable auxiliaire, dans cette œuvre admirable, aussi modeste que féconde, fondée il y a trois quarts de siècle, au sein de la ville de Paris, en faveur des jeunes filles qu'une étrange convention place au dernier échelon de la hiérarchie sociale. Mère Saint-Paul leur offrit un foyer, où par un prodige que le christianisme seul peut accomplir, elles trouveraient des femmes qui seraient à la fois et leurs servantes et leurs mères.

C'est ici, que nous devons saluer le souvenir de Mgr Laveille, en recueillant, sur sa tombe si inopinément et si prématurément ouverte, ce captivant volume : « Mère Saint-Paul, Fondatrice des Sœurs servantes de Marie (1798-1867) » publié chez Téqui, 82, rue Bonaparte, Paris, 1929. C'est le dernier ouvrage du savant et pieux prélat que nous pleurons. Il y a mis tout son admirable talent d'hagiographe et d'historien et toute son âme.

Il avait assurément conscience d'écrire une des plus belles pages du diocèse de Meaux, et des annales religieuses de la paroisse de Coulommiers. Ce beau travail, nous n'en doutons pas, sera bientôt les délices des âmes pieuses et chrétiennes.

C'est à lui, que nous empruntons le récit aussi émouvant que circonstancié, de l'éclatante guérison de Mlle Stéphanie Bossard obtenue en 1846, par l'intercession du saint curé de Coulommiers, M. Desnoyers, faveur extraordinaire qui fut demandée par Mlle Zéphyrine Babé et Mlle Stéphanie Bossard, et qui devint pour elles le signe indubitable et déterminant de leur vocation définitive.

Voici ce récit :

Cependant le zèle de Mlle Babé continuait de se dépenser en efforts méritoires. Elle ne voyait plus la possibilité d'établir à Coulommiers, selon son attrait, une œuvre permanente destinée à la formation des jeunes filles. D'autre part, son vieux père étant retourné à Dieu, rien ne l'empêchait de suivre une vocation qui l'éloignerait de cette ville, si telle semblait être la volonté de Dieu.

Une secrète inquiétude la tourmentait, car pour quel genre de vie abandonnerait-elle ses œuvres de Coulommiers? Avec son caractère indépendant et impatient de toute contrainte, elle ne semblait pas pouvoir, à l'âge de quarante-huit ans qu'elle venait d'atteindre, songer à la vie religieuse. D'ailleurs, elle n'aurait jamais consenti à quitter Mlle Bossard, dont la destinée lui apparaissait clairement comme inséparable de la sienne.

Quel pouvait donc être, sur l'une et l'autre, le secret dessein de Dieu ? Zéphyrine en venait à penser que peut-être la Providence les destinait à une œuvre commune, dont la nature et le lieu restaient à préciser. en faveur de la jeunesse féminine.

Or, Mlle Bossard, dont la santé avait toujours été assez

misérable, était réduite, depuis 1843, à un état de faiblesse qui inspirait de vives inquiétudes pour sa vie. Tourmentée souvent d'atroces douleurs dans tous les membres, secouée par une toux opiniâtre, elle ne pouvait plus supporter d'aliments, et chacun de ses repas, composé d'un peu de fécule, était suivi de pénibles vomissements.

Plus douce et résignée que jamais, la pauvre infirme acceptait son mal, le sourire aux lèvres, persuadée que Dieu l'avait réduite à l'état de victime pour le succès des œuvres de sa compagne, et qu'il était bien qu'elle demeurât ainsi.

Tel n'était pas l'avis de Zéphyrine. Pressée de connaître la volonté de Dieu sur son avenir, et toujours persuadée que Mlle Bossard devait rester, quoi qu'il advînt, associée à ses entreprises, elle se sentait amenée à demander au ciel sa guérison, comme un signe de l'appel divin à une œuvre commune.

Or, M. Sassinot lui avait appris autrefois, aussi bien par ses exemples que par ses exhortations, à invoquer le saint prêtre dont il avait été le vicaire, et dont il avait éprouvé maintes fois la protection, M. Desnoyers. Dès 1843, elle avait, de concert avec Mlle Bossard, fait une neuvaine en l'honneur du serviteur de Dieu, afin d'obtenir la guérison de son amie, et ces prières avaient obtenu une amélioration momentanée ; mais, après quelques semaines, le mal s'était encore aggravé.

Peu à peu, la déformation des os dont souffrait Mlle Bossard avait provoqué d'intolérables douleurs, qui ne lui laissaient ni trêve, ni repos ; elle éprouvait sans cesse, dans la poitrine et les entrailles, l'impression d'un feu qui embrasait ces organes ; ses jambes lui refusaient tout service ; elle ne quittait plus sa chambre ; un rayon de soleil produisait, sur son visage, une sorte d'érésipèle ; ses facultés mentales elles-mêmes semblaient parfois frappées d'engourdissement.

Malgré ces symptômes, qui semblaient annoncer le terme prochain d'une vie si douloureuse, Mlle Babé se refusait à désespérer. Non seulement sa charité pour son amie lui faisait souhaiter sa guérison ; mais elle s'obstinait à demander à Dieu, par cette voie, le signe qui manifesterait sa volonté sur sa propre personne.

*
* *

Un jour, — c'était en 1846, — elle aborde son amie : « Voulez-vous que nous fassions de nouveau une neuvaine à M. Desnoyers? Promettons-lui que, si vous êtes guérie, nous nous consacrerons à une bonne œuvre, soit ici, soit ailleurs. Si le bon Dieu ne nous exauce pas, nous nous tiendrons tranquilles, car je me trouve déjà d'un âge bien avancé pour changer de vie ; mais il faut, avant tout, chercher à connaître les desseins de la Providence ». Et elle remit à la patiente une lettre écrite jadis par le saint curé, l'invitant à l'appliquer sur son mal, tout en invoquant son intercession. Cette application fit cesser immédiatement les vomissements qui tourmentaient la malade; mais ses autres souffrances persistèrent.

Quelques semaines s'écoulèrent sans changement. En la fête de l'Ascension, Mlle Babé résolut de faire une nouvelle tentative : « Il y a dix jours, dit-elle à sa compagne, entre l'Ascension et la Pentecôte. Il faut les employer à une neuvaine qui se terminera en cette dernière fête, et, la veille de ce grand jour, nous tâcherons de trouver un moyen de vous porter à l'église pour y entendre la messe et y faire la sainte communion ».

La malade acquiesça au projet, et, le jour venu, on la descendit, plus morte que vive, au bas de l'escalier de sa chambre, où l'attendait une chaise à porteurs.

Pendant tout le trajet, le feu qui la dévorait intérieurement prit les proportions d'un intolérable incendie. Cependant on atteint l'église, et l'on porte la malade non loin d'un autel où va commencer le saint sacrifice. Elle y assiste avec des sentiments de parfaite union à la divine Victime ; puis, la sainte communion reçue, elle s'adresse à Dieu dans une ardente prière : « Seigneur, si vous voulez, vous pouvez me guérir. Faites-le si c'est votre volonté que je consacre le reste de mes jours à votre service; mais si telle n'est pas votre volonté, accordez-moi la résignation ».

La messe s'acheva sans qu'elle se sentît délivrée, et elle n'en éprouva aucune peine.

Il fallait regagner l'asile de souffrance que, depuis des années, la malheureuse n'avait pas quitté. Laissons-la exposer elle-même la merveille opérée en elle par le Tout-Puissant :

*
* *

« Comme neuf heures sonnaient, Mlle Babé me demanda s'il fallait me porter sur la chaise où j'étais, ou si je pensais pouvoir descendre jusqu'au bas de l'église, où étaient les porteurs. Je lui répondis : « En marchant doucement, je pense pouvoir aller jusque-là ». En effet, m'appuyant sur son bras, peu à peu je parvins, très fatiguée, au bas de l'église. Les porteurs étant arrivés, je tournai mes regards vers l'autel. J'éprouvais un serrement de cœur à la pensée de quitter le saint lieu : « Seigneur, dis-je, je « vais sortir de votre maison, peut-être pour n'y rentrer « jamais! »

« Tout à coup, il se passa dans tout mon être quelque chose d'extraordinaire. J'éprouvai comme un sentiment d'effroi, que je ne m'expliquais pas, et que je pouvais encore moins définir... Je dis à Mlle Babé : Je m'en irai « bien à pied. — En êtes-vous bien sûre? » dit-elle. Je répliquai : « Oui... » Cependant on trouva plus prudent de me faire remporter, afin de ne pas exposer la religion aux mauvais propos, dans le cas où je ne serais pas réellement guérie.

« Dans le trajet de l'église à la maison, je me souviens que je n'éprouvai aucune incommodité de la clarté du soleil. Ce n'est qu'en arrivant dans le jardin, près de la maison, que je sentis tout d'un coup, sans pouvoir l'expliquer, mon esprit dégagé des ténèbres dont il était depuis longtemps enveloppé. C'est alors que j'éprouvai un besoin impérieux de faire arrêter ceux qui me portaient... Je sortis de la chaise à porteurs libre de tout mon corps; je parcourus lestement, et sans aucun appui, toute la maison; je montai de même les escaliers; je mangeai avec appétit, et je me mis à coudre le reste de la journée, sans être fatiguée ».

*
* *

Le miracle s'affirmait. Toutefois, Mlle Bossard éprouvant encore une sensation de douleur dans les jambes, le lendemain, jour de la Pentecôte, on la conduisit à la chapelle de l'hospice, voisine de sa maison, au lieu de la faire assister à la grand'messe de la paroisse. C'était priver les habitants de l'édification que leur aurait procurée la vue d'une guérison aussi inattendue. Aussi Mlle Babé, voyant son amie revenir de l'hospice sans incommodité, lui offrit-elle d'aller encore à la grand'messe de la paroisse. On ne craignait plus qu'une chose : l'impression des chants et de la musique de l'orgue sur une complexion pour laquelle tout bruit était devenu un supplice.

L'office de la Pentecôte, avec ses solennelles mélodies, n'éveilla, au contraire, chez Mlle Bossard, que des sentiments de joie céleste, si bien qu'après la messe, les deux amies se rendirent à la sacristie, pour faire part au curé d'alors, M. Cordier, de la faveur insigne obtenue par l'intercession de M. Desnoyers.

L'action de grâces s'imposait. L'archiprêtre de Coulommiers invita ses paroissiennes à se rendre sur la tombe de son prédécesseur, et à y réciter le *Te Deum*.

« Je comptais y aller le lendemain, a écrit Mlle Bossard. Sur son avis, je m'y rendis à l'instant. J'étais loin de croire qu'alors même, le Seigneur allait m'accorder une grâce nouvelle. Vers la fin du *Te Deum*, je sentis tout à coup une force extraordinaire dans mes jambes qui, jusque-là, étaient encore restées faibles. Je ne puis expliquer ce qui se passa alors en moi. Mon cœur était inondé de reconnaissance et d'admiration ; je ne pus achever le *Te Deum* à haute voix, comme je l'avais commencé (1) ».

La grâce sollicitée par Mlle Babé était obtenue ; le signe

(1) Ces passages sont extraits d'un récit manuscrit, fait par Mlle Bossard et déposé aux Archives de la maison-mère.

apparaissait visible, éclatant (1). Zéphyrine se prépara à répondre à l'appel divin, quels qu'en fussent le but et l'objet, aussitôt qu'il lui serait clairement notifié.

*
* *

En attendant, elle se sentait pressée d'accomplir un devoir de reconnaissance. Elle avait, avant cette guérison accordée à son amie, obtenu elle-même, par l'intercession de M. Desnoyers, une importante faveur d'ordre spirituel, et M. Sassinot, en lui vantant les vertus du saint prêtre, lui avait signalé, comme un désordre qui appelait une réparation, l'état d'abandon de sa tombe au cimetière.

Se voyant, pour la seconde fois, si généreusement exaucée, elle résolut, de concert avec Mlle Bossard, de faire placer les restes du vénérable curé dans un caveau décent, et de faire ériger, sur cette nouvelle tombe, un monument durable, rappelant les principaux faits de sa sainte vie (2).

Le corps de M. Desnoyers reposait alors sous la grande croix du cimetière paroissial. Il fut difficile de distinguer ses ossements de ceux de quelques autres prêtres inhumés au même endroit.

On se souvint alors qu'il avait perdu un œil, et les médecins, ayant trouvé un crâne dont l'orbite gauche était déformé par un rétrécissement accentué, purent, au moyen de cet indice, identifier le squelette entier du serviteur de Dieu.

Mlle Babé avait fait préparer un triple cercueil. On y déposa les restes vénérés, sauf quelques petits ossements qui furent remis à elle-même. Puis, avec le concours

(1) Une lettre fut adressée, par le clergé de Coulommiers, à Mgr l'Évêque de Meaux, sur cette guérison extraordinaire de Mlle Bossard. Mgr Allou, remarquant peut-être qu'elle n'avait pas été absolument subite, ne crut pas devoir en attester officiellement le caractère miraculeux.

(2) On avait déjà élevé sur les restes de M. Desnoyers, peu de temps après sa mort, une belle pyramide de marbre surmontée d'une croix et revêtue d'inscriptions, mais elle avait été détruite à l'époque de la Révolution.

de tout le clergé, on exposa, pendant trois jours, dans l'église, la bière recouverte de draperies rouges, au milieu d'une foule accourue de toutes les paroisses d'alentour. Le troisième jour, le cercueil fut solennellement porté en procession dans toute la ville, puis déposé, avec les marques du plus grand respect, dans le caveau préparé par les soins de Mlle Babé et de sa compagne.

APPENDICE II

Nous ne pouvons, non plus, passer sous silence, la part initiale et considérable, qu'ont prise, à la formation religieuse de Mlle Z. Babé deux prêtres distingués, dont nous avons cité les noms, parmi les anciens vicaires de Coulommiers : MM. les abbés Sassinot et Guérin. Toujours, avec Mgr Laveille, dans son beau livre " *Mère St Paul* " nous compléterons, par quelques renseignements intéressants, leur notice biographique.

I. — L'Abbé SASSINOT.

Né au petit village de Saints (Diocèse de Meaux), l'abbé Sassinot avait été ordonné prêtre en 1771 et avait tout d'abord exercé les fonctions de chapelain, dans l'église Saint-Denys de Coulommiers. Il avait été à ce titre témoin des dernières années d'une sainte vie, celle de l'abbé Desnoyers son curé qui devait mourir en 1782, laissant la renommée d'un thaumaturge. A cette école, l'abbé Sassinot était devenu lui-même un ecclésiastique, de haute vertu et un directeur aussi éclairé que prudent.

Surpris à son poste par les décrets schismatiques de la Constituante, il avait refusé le serment et méprisant le danger, il avait continué son ministère dans la région de Coulommiers avec tant de sagesse et de dévouement, que l'évêque exilé M. de Polignac, lui avait confié des pouvoirs spéciaux. La tourmente passée, il avait été pourvu de la cure d'Aulnoy. Lorsque, vers 1819, Mlle Babé vint s'établir à la ferme de Boisgautier, il avait soixante-deux ans.

C'était un prêtre instruit qui avait trouvé dans ses solides connaissances théologiques et son ardente piété, le moyen de se dégager des tendances jansénistes, alors dominantes dans le clergé, et même dans les séminaires. C'est ainsi qu'il préconisait la communion fréquente, alors que presque tous les diocèses subissaient la tyrannie de l'usage contraire.

Z. Babé ne fut pas longtemps sans apprécier les ressources que lui offrait son ministère. Elle se fit connaître à lui avec sa simplicité et sa franchise coutumières, puis résolut de se livrer à sa conduite. Quelle fut cette direction, pendant de longues années ? Mgr Laveille nous le montre, avec un vif intérêt, dans les pages 27 et suivantes jusqu'à la page 69, de son ouvrage. Nous y renvoyons le lecteur qui voudrait s'édifier sur cette période importante et décisive, osons-nous dire de la vie de Z. Babé? devenue plus tard Mère St Paul.

II. — L'Abbé GUÉRIN

Vers 1838, M. Sassinot s'était retiré à Jouarre et Mlle Babé, à Coulommiers, où elle devait trouver un champ plus vaste à son zèle. Cette même année, arrivait à Coulommiers, un nouveau vicaire, M. Guérin. C'était un ecclésiastique encore jeune, qui avait fortifié par quelques années d'expériences, les connaissances qu'il devait à de fortes études, et l'aptitude que lui donnait sa piété à la conduite spirituelle des âmes.

Il arrivait à Coulommiers peu de mois après que M. Sassinot, avait par son départ d'Aulnoy, privé son ancienne pénitente de ses derniers conseils. C'était une attention providentielle qui stimula davantage encore Zéphyrine Babé dans son effort vers la perfection.

Quand M. Guérin prit possession de son poste, il n'était bruit à Coulommiers que des occupations charitables de Mlle Babé et des services de tout ordre qu'elle rendait aux paroissiens. Il savait donc déjà, lorsqu'elle lui demanda de la prendre sous sa conduite, quelle âme d'élite

Dieu lui envoyait, et ayant reconnu que cette riche nature pouvait monter plus haut encore, il résolut de seconder avec toute son application, les desseins de Dieu sur elle.

L'abbé Guérin était un prêtre instruit, possédant une science théologique puisée dans les écrits de Saint François de Sales, et de Saint Alphonse de Liguori beaucoup plus que dans les manuels jansénistes de son temps.

C'était aussi un esprit distingué, habitué à exprimer nettement et, même élégamment sa pensée; une intelligence méthodique, capable d'exposés aussi solides que précis. On peut juger, de ces qualités, dit toujours Mgr Laveille (ouvrage cité, p. 69) par les manuscrits d'un certain nombre de méditations, qu'il composa, dès le début de son séjour à Coulommiers, pour l'usage de Mlle Babé, comme aussi par ceux de quelques instructions qu'il avait prêchées, et dont il lui confia ensuite le texte, afin qu'elle s'en inspirât à loisir pour alimenter sa piété. Rien de mieux ordonné que ces petits cahiers, d'une écriture fine et régulière, où les plus saines doctrines ascétiques sont résumées avec une plénitude de sens, une finesse d'observation, et une mesure dignes d'un prêtre vieilli dans la pratique de la direction.

Il commença, lui, si novice encore dans le gouvernement spirituel, par adopter, à l'égard de sa pénitente, les méthodes de M. Sassinot.

Terminons cette notice, par cette remarquable réflexion, de l'auteur de «Mère St Paul». « Quiconque étudie le détail « des procédés employés ne saurait envisager sans émo- « tion la somme énorme de travail que savaient s'imposer « les prêtres de cette époque, pour faire progresser une « seule âme dans l'union divine ».

Note finale. — N'oublions pas de signaler à nos lecteurs que les manuscrits, de MM. Sassinot et Guérin, concernant la formation religieuse de Mlle Babé, sont précieusement conservés aux archives de la maison-mère des Sœurs servantes de Marie, 7, rue Duguay-Trouin (Paroisse St-Sulpice, Paris).

COULOMMIERS

Imprimerie Ernest DESSAINT. -- 5-30.

www.ingramcontent.com/pod-product-compliance
Ingram Content Group UK Ltd.
Pitfield, Milton Keynes, MK11 3LW, UK
UKHW020308180726
13839UKWH00001B/410